GOLDMANN
RATGEBER

Buch

Rolfing®, die Kunst sanft-intensiver »Bildhauerei« mit dem lebendigen Menschen, ist nach der Begründerin Ida Rolf aus New York benannt.

Ida Rolf entwickelte in jahrzehntelanger Arbeit neben ihrer wissenschaftlichen Laufbahn als Biochemikerin diese Methode, die es dem Menschen ermöglicht, sich in gelöster und aufrechter Haltung im Schwerefeld der Erde zu bewegen.

»Wir sind noch keine aufrechten Menschen, sondern erst auf dem Weg dorthin. Eine Aufgabe des Rolfers besteht darin, diesen Prozeß zu beschleunigen. Unser Ziel ist es, den Menschen so weit zu bringen, daß die Schwerkraft positiv auf ihn wirkt, d. h., daß sie ihn aufrichtet und ihn nicht nach unten zieht.«

Autor

Dr. Peter Schwind, Jahrgang 1948, hat seine Ausbildung in Rolfing am von Ida Rolf gegründeten Institut in Boulder, Colorado, erhalten. Er ist Mitglied des Ausbildungsteams des Rolf-Institutes und arbeitet als Rolfer in München.

Rolfing® wird ausschließlich von Certified Rolfern praktiziert, die ihre längerfristige, qualifizierte Ausbildung am von Ida Rolf begründeten *Rolf-Institute* erfolgreich abgeschlossen haben.

PETER SCHWIND

Alles im Lot: Rolfing

Der Weg zu körperlichem und seelischem Gleichgewicht

Originalausgabe

GOLDMANN VERLAG

Übersetzung englischsprachiger Passagen: Manfred Jansen
Illustrationen im Innenteil: Claudia Matussek
Fotos: Münchner Bilderdienst

Der Goldmann Verlag
ist ein Unternehmen der Verlagsgruppe Bertelsmann

Made in Germany · 11/88 · 3. Auflage

Umschlaggestaltung: Design Team München
Das Bildzeichen des Titelbildes und die Bezeichnung
Rolfing® sind rechtlich geschützt.
Satz: IBV Satz- und Datentechnik GmbH, Berlin
Druck: Elsnerdruck, Berlin
Verlagsnummer: 10302
Lektorat: Sybille Terrahe/JJ
Herstellung: Sebastian Strohmaier/Voi
ISBN 3-442-10302-9

Inhalt

Einleitung

Rolfing, eine nach der Begründerin Ida Rolf benannte Methode, ist als Grundlagenarbeit für seelisch-körperliches Gleichgewicht zu verstehen. *Rolfing* basiert auf der Erkenntnis, daß sich Verspannungen und Verschiebungen des menschlichen Organismus wandeln lassen, daß sich auch der eng mit unserer Person verbundene Körperbau, die sichtbare Struktur unserer äußeren Erscheinung, verändern läßt. Diese Veränderungsmöglichkeit liegt nicht nur in der Formbarkeit des Bindegewebes, der Sehnen und Bänder begründet, sondern ist im Zusammenhang mit der Schwerkraft zu sehen.

Die wichtigste Beobachtung Ida Rolfs ist: Die Form des menschlichen Körpers entsteht und wandelt sich im Schwerefeld der Erde. Rolfing greift ordnend in die räumliche Beziehung der Körperabschnitte zueinander ein und versucht, das Verhältnis des ganzen Organismus zur Schwerkraft besser zu gestalten.

Und es geht dabei nicht nur darum, wie wir aussehen, es geht zugleich darum, daß wir unseren Körper als Ausdruck unserer Person erleben lernen.

Die Grundserie des Rolfings umfaßt zehn Sitzungen von jeweils ein bis eineinhalb Stunden Dauer. Das Konzept der zehn Sitzungen folgt einer strengen »strukturellen« Logik und ist in sich abgeschlossen. Zusätzliche Sitzungen sind manchmal sinnvoll, allerdings in begrenzter Zahl und nach einer angemessenen Verarbeitungszeit nach Abschluß der Grundserie.

Der Rolfer versucht in erstaunlich wenigen Sitzungen mit seinem Klienten einen persönlichen Weg zu finden. Dieser Weg orientiert sich an zwei Aspekten unseres Lebens, einem äußeren und einem inneren. Äußerlich geht es darum, daß wir uns von der Tiefe des Körpers her aufrichten, daß wir ohne krampfhafte Anstrengung aufrecht sind, daß wir »unsere« Form finden. Innerlich geht es darum, über das körperliche Gleichgewicht, über die positive Grundordnung des Körpers im Schwerefeld der Erde einen positiven Ausdruck unserer Existenz zu finden.

Der innere und der äußere Aspekt lassen sich in der praktischen Arbeit einer Rolfing-Sitzung nicht voneinander trennen: Wir sind unser Körper, und somit ist der richtig verstandene Weg des Körpers zugleich ein Weg des ganzen Menschen.

Die Grundserie des Rolfings ist ein sehr individueller Prozeß. Und entsprechend persönlich ist das, was uns Menschen berichten, die sich diesem Prozeß unterzogen haben.

Ich erinnere mich an den sonnigen Nachmittag, an dem ich dieses merkwürdige Wort »Rolfing« zum ersten Mal hörte.

Auf dem Weg zum Münchner Englischen Garten traf ich einen meiner Studienfreunde. Er war soeben von einem längeren USA-Aufenthalt zurückgekehrt und berichtete mir von den Eindrükken seiner Reise. Sein Bericht gab mir ein lebendiges Bild der amerikanischen Kultur und Gegenkultur, insbesondere der kalifornischen »human potential movement«, aus der zahlreiche neue Therapieansätze hervorgegangen waren. Manche Aspekte seiner Schilderung schienen mir äußerst zweifelhaft. Die großen Ansprüche mancher Therapien konnte ich nicht ganz ernst nehmen. Ist es wirklich so weit her mit Veränderung und Wachstum des Menschen? Ich begegnete meinem Freund mit einer gehörigen Portion Skepsis und beschloß, mich weiterhin an exakte wissenschaftliche Methoden zu halten. Aber es gab etwas, das mich aufhorchen ließ. In der Vielfalt der Reise- und Erlebniseindrücke meines Freundes erkannte ich bemerkenswerte Vorstellungen von dem, was ein Mensch sei oder sein könne. Der Mensch, so meinte mein Freund in Anlehnung an dieses Rolfing, könne zum Beispiel krumm und bucklig oder auch ein aufrechter Mensch sein. Ob er aufrecht oder gar aufrichtig sein könne, stehe in seiner eigenen Kraft. Körper und Seele seien zwei untrennbar verbundene Aspekte einer ganzen Person. Und weiter behauptete er, daß ein Säugling mit seinem Körper oft mehr anzufangen wisse als ein erwachsener Mensch, daß wir alle eine andere Form der Wirbelsäule brauchen.

Ich konnte seinen Ausführungen nur wenig folgen. Sicher, ich hatte gelesen, daß 80% der zivilisierten Erdenbürger nach Vollendung des 40. Lebensjahres irgendwie mit Rückenproblemen zu tun hatten. Aber konnte man dagegen etwas tun? Konnte man jenseits der eingeführten Methoden etwas für die von Zivilisationserscheinungen verformten Menschen tun? Ich gab auch nach gründlicher Überlegung meine anfängliche Skepsis nicht auf.

Trotz alledem war da etwas, was sich nicht übersehen ließ. Dieser Mensch hatte sich in den Monaten, in denen wir uns nicht gesehen hatten, körperlich verändert. Er sah einfach anders aus, dies mußte ich zugeben. Und dieses Andersaussehen ließ sich auf einen einfachen Nenner bringen: Er war nicht mehr so gedrungen und verspannt wie vor seiner Amerikareise. Kam das vom Rolfing? Er war länger geworden, seine Bewegungen sahen selbstverständlich aus, und er stand tatsächlich fast schwerelos aufrecht.

Ich betrachtete dieses Bild, und mir fiel auf, daß dieses Aufrechtstehen nichts mit dem traditionellen »Bauch rein – Brust raus« zu tun hatte. Hier ging es offenbar um etwas anderes.

Jahre später hörte ich nochmals dieses merkwürdige Wort Rolfing. Wieder war einer meiner Freunde aus den USA zurückgekehrt. Diesmal war es jemand, der Psychotherapeut war und als Wissenschaftler mein höchstes Vertrauen genoß. Auch er sprach mit großem Respekt von Rolfing. Auch er hatte Therapieverfahren und Körperpädagogik unterschiedlichster Richtungen erprobt.

Zum zweiten Mal beobachtete ich, daß sich irgend etwas am äußeren Erscheinungsbild eines Menschen gewandelt hatte. Ich konnte es nicht genau beschreiben, aber ähnlich wie bei dem schon beschriebenen Beispiel handelte es sich offenbar darum, daß jemand äußerlich und innerlich aufrechter wurde, daß jemand mit Selbstverständlichkeit alle seine Gelenke bewegen konnte, ohne in Verspannung zu geraten.

Ich wurde aufgrund dieser zweiten Beobachtung sehr nachdenklich. Ist unser Körper tatsächlich von seiner seelischen Seite nicht abzutrennen? Ist die Trennung von Körper und Geist nur eine wenig vorteilhafte Gewohnheit unserer Geschichte oder unseres Kulturkreises? Ich konnte keine zufriedenstellende Antwort auf diese Fragen finden.

Kurze Zeit später machte ich selbst meine erste Begegnung mit Rolfing. Fast alles war anders, als ich es erwartet hatte. Meine Freunde hatten von intensivem Schmerz, der durch den Druck der Hände, der Fäuste, des Ellenbogens des Rolfers hervorgerufen würde, berichtet. Meine eigene Erfahrung war eine einzige Überraschung. Der Rolfer beobachtete mich sehr genau, er forderte mich auf, im Raum hin- und herzugehen, und sagte mir schließlich, daß ich auf einem massiven Tisch Platz nehmen solle.

Der Moment der ersten Berührung ist mir unvergeßlich. Ich lag rücklings bequem auf dem massiven Holztisch. Lloyd beugte sich über mich und berührte sanft mit seinen Händen meinen Rippenbogen. Sogleich spürte ich etwas von der eigentümlichen Qualität dieser Berührung. Dies hat nichts mit *Massage* zu tun, konnte ich gerade noch denken, und im selben Moment sank ich in ein unbekanntes Reich innerer Wahrnehmungen. Die Hände des Rolfers haben sich nur geringfügig bewegt, ein Zuschauer hätte vermutlich gar nichts gesehen außer einer vorsichtigen, andauernden Berührung. Doch diese Berührung schien von der Hautoberfläche bis in die Tiefe des Körpers zu reichen. Ich spürte plötzlich, wie eine Schicht unter der Haut mit tiefliegenden Schichten verbunden ist, ich spürte, wie sich die Hände des

Rolfers zwischen Muskelschichten hindurchschwindelten, und bemerkte, daß die Berührung jetzt tief in mich hineinreichte. »Das muß das *Zwerchfell* sein« – dachte ich – und empfand einen eigentümlichen Schmerz. Der Schmerz hatte eine fremde Qualität, fühlte sich an wie »guter« Schmerz, wie wenn sich etwas lange Festgehaltenes löste. Spontan nahm ich einen tiefen Atemzug.

Der *Atem* setzte sich wie eine gleichmäßige Welle durch meinen Körper fort, reichte vom Nacken, den oberen Rippen bis tief in den *Beckenboden*. Ich hatte noch niemals in meinem Leben einen solchen Atemzug erfahren. – Dies war also Rolfing! – Ich realisierte während der einstündigen Sitzung, wie mein Brustkorb sich langsam von den Hüften abhob und wie in meinem Rücken mehr Raum frei wurde. Als ich schließlich aufstand, kam ich mir ganz leicht, fast schwerelos vor.

Lloyd warf einen prüfenden Blick auf mich, entdeckte offenbar etwas, was ihm nicht gefiel, und forderte mich auf, in einer gekrümmten Haltung auf dem Tisch zu sitzen. Er arbeitete jetzt mit seinen Fäusten an meinem Rücken, während er mich aufforderte, seine Arbeit mit meinem Atem und mit Bewegungen zu unterstützen.

Wieder bemerkte ich diese eigentümliche Qualität der Berührung: Sogar die Faust des Rolfers konnte in mir das Gefühl zu schmelzen oder zu fließen auslösen. Hier ging es tatsächlich nicht darum, *Verspannungen* weichzukneten, sondern um etwas Anspruchsvolleres, um eine zugleich sanfte und intensive Bildhauerarbeit mit dem menschlichen Körper.

Ich stand wieder auf und ging im Raum umher. – Irgend etwas hatte sich verändert, irgend etwas, das ich nicht genau beschreiben konnte.

Lloyd hatte zu Anfang der Sitzung Polaroid-Fotos von mir gemacht; er machte nun nochmals Fotos und erklärte mir auf den Bildern die Unterschiede. »Siehst du, daß auf den Bildern nach der Sitzung mehr Raum zwischen Brustkorb und Becken ist? Siehst du, daß dein Kopf jetzt mehr in einer Linie über dem Körper ist?« – Nun, ich erkannte reichlich wenig von diesen feinen

Unterschieden; allenfalls die Geschichte mit dem Kopf leuchtete mir ein. Ich beschloß, mich nicht viel um diese Bilder zu kümmern, und war froh, daß ich mich besser fühlte.

Nach der ersten Rolfing-Sitzung bemerkte ich, daß der geringfügige Wandel meines Organismus nachwirkte. Nach zwei Tagen spürte ich so etwas wie Muskelkater, und schließlich hatte ich das Gefühl, daß manches in meinem Körper nicht mehr gut zusammenpaßte. – Es war offenbar Zeit weiterzumachen.

Ich ging zum zweiten Mal zu Lloyd. Die Sitzung begann zunächst wie die erste: Er analysierte meinen Körper, ließ mich im Raum auf und ab gehen und anschließend auf den Tisch legen. Dann aber mußte ich selbst sehr aktiv sein. Mir kam es so vor, als würde Lloyd meine *Gelenke* energisch festhalten. Dabei forderte er mich auf, langsame Bewegungen zu machen. Offenbar wollte er erreichen, daß ich mich selbst »rolfe«, während er meine *Gelenke* führte. – Ich fühlte diesmal nicht den klaren Wandel der ersten Sitzung. Erst am Nachmittag, beim Spaziergang, bemerkte ich, daß meine Füße parallel nebeneinander liefen. Ich kannte meine Fußabdrücke von winterlichen Waldspaziergängen, ich kannte die Eindrücke der weit nach außen gestellten Füße. Jetzt wurde mir bewußt, daß ich andere Fußabdrücke hinterließ.

Mir wurde etwas beklommen bei der Vorstellung, daß sich meine Bewegungsmuster wie von selbst wandeln, daß sich etwas ändern könnte ohne meine Kontrolle. Ich kam eine Woche später zur dritten Sitzung und fragte Lloyd, ob diese Resultate dauerhaft seien. Er lächelte, schaute mich an und sagte: »Das liegt an dir.« Es dauerte einige Zeit, bis ich anfing, diesen Satz zu verstehen. Ich schloß die Grundserie des Rolfings, also zehn Sitzungen von jeweils ein bis eineinhalb Stunden, während eines Zeitraums von vier Monaten ab. Ich erfuhr, daß jede dieser Sitzungen eigenen Prinzipien folgt, daß jede Sitzung eine eigene Welt eröffnet, daß jeder Mensch seine Sitzungen anders erlebt. Und ich erfuhr, daß das Rolfing eine sehr bescheidene Sache ist, eigentlich nur eine Grundlagenarbeit für ein seelisch-körperliches Gleichgewicht.

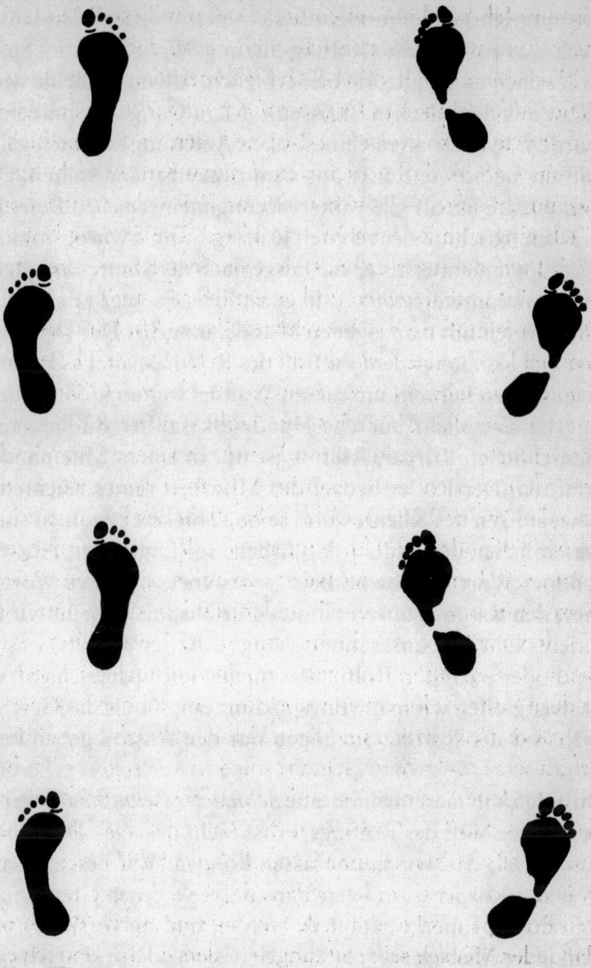

Die Eindrücke, die unsere Füße hinterlassen, geben Einblick in die innere Statik unseres Körpers. Rolfing wandelt die Struktur unserer Beine und Füße, dementsprechend lassen sich nach der Grundserie von zehn Sitzungen neue Formen des Fußabdrucks beobachten.

Jeder hat seine Rolfing-Stunde, eine Stunde, der er besondere Bedeutung gibt, eine Stunde, die sich nicht wiederholen läßt. Für mich war es die fünfte Rolfing-Sitzung. Während eines Spaziergangs nach dieser Sitzung bemerkte ich, daß meine Beine wie von selbst aus dem Becken »flossen«. Mein Gang war mühelos geworden. In einer alten chinesischen Anleitung hatte ich gelesen, daß die Beine wie Räder aus dem Becken rollen sollten. Dieses Bild wählte ich als Charakterisierung meiner neuen Bewegung.

Nach Abschluß der zehnten Rolfing-Stunde wurde mir klarer, was Lloyd meinte, als er die Frage nach der Dauerhaftigkeit der Erfolge beantwortete: »Es liegt an dir.« Es liegt tatsächlich an mir, wie ich mit dem eigenen Wandel umgehe. Der Organismus wandelt sich unter dem Einfluß des Rolfings, aber es bedarf der eigenen *Bewußtheit,* um diesen Wandel weiter zu fördern. Rolfing ist also nicht nur das Handwerk sanfter Bildhauerei am menschlichen Körper, Rolfing ist nur in einem Miteinander zu erfahren. Der Rolfer bedarf der Mitarbeit seines Klienten. Die Bewegungen des Klienten und seine Fähigkeit zu fühlen sind ein wesentlicher Bestandteil der Arbeit. Im Englischen gibt es ein schönes Wort für Bewußtheit: »awareness«. Dieses Wort definiert den Rahmen unserer inneren Erfahrung. Je mehr wir unser inneres Ohr und unser inneres Auge schärfen für das, was während oder nach den Rolfing-Sitzungen mit uns geschieht, desto aktiver greifen wir in die Entwicklung ein, für die das Geschehen während der Rolfing-Sitzungen nur den Anstoß geben kann.

Rolfing ist in diesem Sinne eine *Schule der Bewußtheit.* Der Körper ist der Weg des Rolfings, er ist nicht das Ziel. Das Gute am Körper ist, daß wir ihn anfassen können. Wir beschreiten den Weg des Körpers, um »greifbar« unsere eigenen Grenzen zu erfahren, mit ihnen vertraut zu werden und sie vorsichtig weiter hinauszuschieben.

Erstes Kapitel

Was ist Rolfing?

Bedeutung der Schwerkraft für den Körper

Ida Rolf, die Begründerin des Rolfings, arbeitete als Biochemikerin am Rockefeller-Institut der Columbia University. Im Mittelpunkt ihrer wissenschaftlichen Überlegungen stand das menschliche Bindegewebe – seine Struktur und seine physikalischen und chemischen Eigenschaften. Wie reagiert das Bindegewebe auf mechanische Einflüsse? Reagiert es, wenn wir ständig unter Streß stehen? Diese Fragen wollte Ida Rolf nicht nur theoretisch beantwortet wissen. Sie war auf der Suche nach einer praktischen Methode, die dem Menschen zu größerer Harmonie mit sich selbst und seiner Umgebung verhelfen könnte. Und seine Umgebung ist – mechanisch betrachtet – das Schwerefeld der Erde. Wir alle leben in diesem Schwerefeld. Die *Schwerkraft* wirkt ein Leben lang auf unseren Organismus, formt oder verformt uns, je nachdem, wie wir die Schwerkraft zu nützen wissen.

Betrachten wir einen Baum, der am Berghang steht: Er mag jahrelang fast senkrecht stehen; eines Tages bricht der Wind einige Äste, der Stamm beginnt sich zu biegen, die Schwerkraft wirkt nun anders auf diesen Baum. Schließlich hat der Baum eine ganz andere Form. Möglicherweise ist er jetzt schief gewachsen und neigt sich langsam hangabwärts. Er befindet sich im Kampf mit der Schwerkraft.

Dem menschlichen Körper geht es oft ähnlich. Er ist sehr viel flexibler als der Baum und hat komplexe Schaltsysteme zur Verfügung, die mannigfaltige Bewegungen ermöglichen, aber er ist auch ein statisches Gebilde. Wir werden später sehen, daß diese Statik eine charakteristische Eigendynamik hat. Das statische Gebilde bleibt in der dauernden Bewegung des Körpers als Grundmuster gegenwärtig.

Es war Ida Rolfs Leistung, die umfassende Bedeutung der Schwerkraft erkannt zu haben. Sie hatte zahlreiche andere Methoden studiert, die sich mit der Form und Flexibilität des Körpers beschäftigten. Neben einem langjährigen Studium des Yoga machte sie sich mit verschiedenen Übungssystemen und manipulativen Techniken vertraut.

Aber all diese Systeme bezogen einen Teil des Menschen auf einen anderen Teil des Menschen. Manche fragten sich beispielsweise, in welcher Stellung die Wirbel zueinander stehen, wie ein Knochen im Verhältnis zu anderen Knochen steht. Oder sie widmeten sich der Flexibilität der Gelenke. Kurz: Diese Schulen sahen den Körper als ein in sich geschlossenes Phänomen, ohne die Umgebung – die Schwerkraft – mit einzubeziehen. Ida Rolf vollzog also einen Wechsel des Blickwinkels. In ihrer Arbeit geht es letztlich darum, den menschlichen Körper so zu beeinflussen, daß er sich im Schwerefeld der Erde mühelos aufrichtet, anstatt zusammenzusinken.

Wir können uns den Einfluß der Schwerkraft an uns selbst verdeutlichen. Sobald wir unseren Kopf etwas nach vorne neigen, muß die Nackenmuskulatur sehr viel mehr Gewicht tragen. Der Kopf wiegt über 6,5 kg, und dieses Gewicht wird sich im hinteren Teil des Nackens mit dauernder Spannung niederschlagen. Doch bei wie vielen von uns ist der Kopf ohnehin ständig nach vorne verschoben? Vielleicht nehmen wir gar nicht mehr wahr, wo und wie Verschiebungen in uns stattfinden, bis sich das Alarmsignal chronischer Verspanntheit bemerkbar macht. Dieses Beispiel ist aber eine große Vereinfachung. In Wirklichkeit trägt nicht nur der Nacken den verschobenen Kopf; vielmehr wird sich der angespannte Nacken auf den unteren Rücken aus-

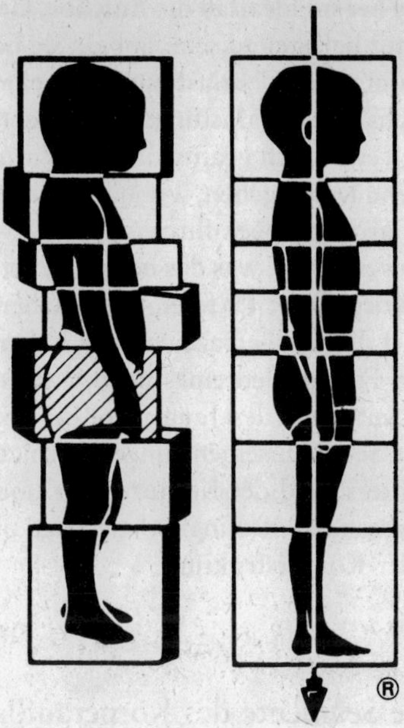

Diese Schemazeichnung wurde nach Fotoaufnahmen angefertigt. Wir sehen die Konturen eines neunjährigen Jungen vor und nach der Grundserie von zehn Sitzungen. Die linke Seite zeigt den Jungen vor Beginn der ersten Sitzung, die rechte Seite denselben Jungen nach Abschluß der zehnten Sitzung.

Dieses Schema verdeutlicht, worum es beim Rolfing geht: Die einzelnen Abschnitte des Körpers werden langsam aus Verschiebungen herausgeführt und im Schwerefeld der Erde so angeordnet, daß sich der Mensch »wie von selbst« aufrichtet (siehe rechte Seite des Schemas).

wirken. So wird die Verschiebung unseres Kopfes schließlich im ganzen Körper sichtbar.

Daß diese Zusammenhänge so kompliziert geworden sind, hängt in erster Linie damit zusammen, daß sich der Mensch im Laufe seiner Geschichte zum Zweibeiner entwickelt hat. Würden wir uns noch auf vier Beinen bewegen, würde es unserem

Körper sehr viel leichter fallen, mit der Schwerkraft umzugehen. Die Wirbelsäule hat im Idealfall die Aufgabe, Gewicht zu verteilen, anstatt damit belastet zu sein. Sobald sie beginnt, Gewicht zu tragen, kommt es zu Überlastungen einzelner Teile.

Wie lassen sich diese Überlastungen vermeiden? Ida Rolf hätte auf diese Frage vermutlich geantwortet: »Wir müssen der Wirbelsäule genügend Raum geben, wir müssen ihre Beziehung zum ganzen Körper ordnend beeinflussen.«

Um besser zu verstehen, was das bedeutet, betrachten wir den menschlichen Körper mit Hilfe eines einfachen Blockmodells. Ida Rolf entwarf diese Schemazeichnung, indem sie die Umrißzeichnung nach Fotografien eines neunjährigen Jungen anfertigte. Die linke Seite zeigt den Jungen vor der ersten Rolfing-Sitzung, die rechte Seite denselben Jungen nach zehn Rolfing-Sitzungen. Der Unterschied der Konturen vor und nach der zehn Sitzungen umfassenden Rolfing-Arbeit zeigt uns den äußerlichen Wandel der Körperstruktur.

Die Segmente des Körperaufbaus

Rein äußerlich betrachtet zeigt die erste Version des Blockmodells Verschiebungen und Verdrehungen der einzelnen Körpersegmente. Die sieben Hauptsegmente sind seitlich gegeneinander verdreht. Dadurch entsteht eine Verkürzung des ganzen Organismus, und der Körper befindet sich durch den Einfluß der Schwerkraft in ständiger Kompression. Das *Hohlkreuz* drängt die inneren Organe und die Bauchwand nach vorne, die rechte Hüfte ist nach vorne geschoben, die linke leicht nach rückwärts und aufwärts angehoben. Die obere *Brustwirbelsäule* krümmt sich nach hinten, um das Hohlkreuz auszugleichen, und Kopf und Hals neigen sich nach vorne.

Die Liste dieser Beobachtungen ließe sich mit beliebig vielen Einzelheiten fortsetzen. Für die erste Betrachtung eines Menschen sind zunächst aber nur die Hauptsegmente des Körpers von Bedeutung, genauer das Hauptsegment der Körperstruktur: das *Becken.* Es bestimmt weitgehend, wie unsere Wirbelsäule sich aufrichtet. Das Becken verbindet unser Fundament, die Füße und Beine, mit dem Bauchraum und unserem Oberkörper und ist Zwischenglied und Basis zugleich. Wichtige Hinweise aus der Anatomie des menschlichen Körpers sprechen für die besondere Bedeutung dieses Körperabschnitts. Ida Rolf ging sogar so weit, eine einzige Stelle am oberen Beckenrand als grundlegend für den ganzen Menschen zu bestimmen. Wir finden diese Stelle am Übergang zwischen dem *Kreuzbein* und dem fünften Lendenwirbel, genau an dem Abschnitt, der vielen von uns wegen Kreuzschmerzen bekannt ist. Es ist ausschlaggebend, wie das Kreuzbein (Os sacrum – heiliger Knochen) und der fünfte

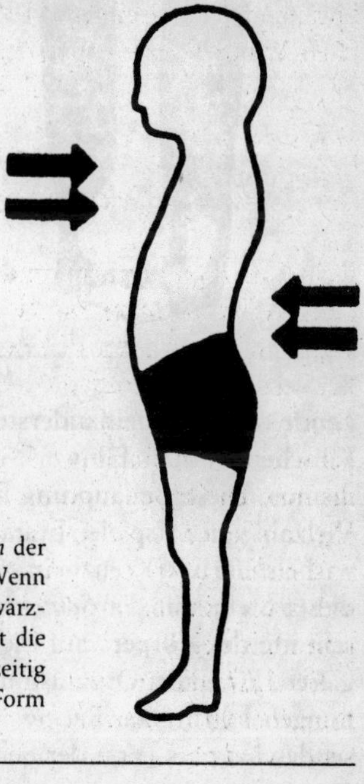

Aus der Sicht des Rolfings ist das *Becken* der wichtigste Abschnitt unseres Körpers. Wenn das Becken nach vorne geneigt ist (geschwärzter Abschnitt auf der Zeichnung), drängt die *Lendenwirbelsäule* nach vorne, gleichzeitig zeigt der Brustkorb eine ausgleichende Form und neigt sich nach hinten.

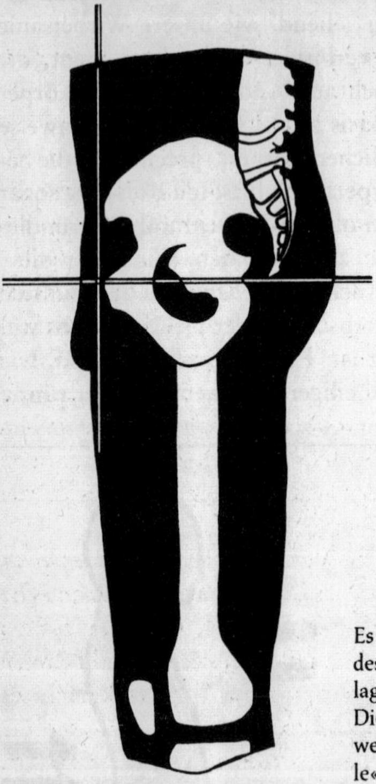

Es gibt eine ganz bestimmte Ordnung des Beckens, die eine positive Grundlage des ganzen Körpers gewährleistet: Die Muskeln, Bänder und das Bindegewebe erlauben den Knochen eine »ideale« Position.

Lendenwirbel aufeinanderstehen. Die Beziehung dieser beiden Knochen gibt uns Hinweise auf den Zustand des ganzen Organismus. Diese Behauptung hat sich bei der Betrachtung einer Vielzahl von Beispielen bestätigt. Ist die Beziehung von Lendenwirbelsäule und Kreuzbein gestört, d. h., kämpft der Mensch an dieser Stelle mit der *Schwerkraft*, so werden alle anderen Abschnitte des Körpers auf die belastete Situation im Kreuz reagieren. Für einen Organismus, der frei von unnötigen Verspannungen ist, gilt: Das *Becken* ist eine positive Grundlage, eine Basis des Körpers. Von der Seite betrachtet zeigt uns das Becken dann einen rechten Winkel, von vorne betrachtet steht es waagerecht.

Läßt sich aber der lebendige Mensch überhaupt in Würfel unterteilen? Ist die ganze Geometrie nicht zu trocken, um ein so dynamisches Wesen zu beschreiben? Ida Rolf hätte auf diese Fragen vermutlich geantwortet: Ja, es ist richtig, daß der Mensch ein ganzheitliches Wesen ist. Es ist richtig, daß viele Faktoren den menschlichen Körper bestimmen (Umgebung, Gefühle, Bewegungsmuster, Lebensgeschichte im allgemeinen). Und doch – hätte sie gesagt – kristallisiert sich aus der Fülle der Einflüsse so etwas wie ein *Grundmuster des Körpers* heraus. Dieses Grundmuster läßt sich am einfachsten in Würfel unterteilt beschreiben, weil damit klar zum Ausdruck kommt, ob einzelne Teile unseres Körpers in einem kritischen Verhältnis zum Organismus stehen. Gerät ein einzelner Würfel aus dem Lot, reagieren alle anderen Würfel darauf und verschieben das Gleichgewicht des ganzen Körpers.

Betrachten wir dieses kritische Verhältnis jenseits von Schwerkraft und Geometrie, so heißt das: Das Bild unseres Körpers liefert uns den äußeren Ausdruck unseres eigenen Unbewußten. Der Körper ist nicht losgelöst von unserem Fühlen und Denken, wir SIND unser Körper. Unsere physische Wirklichkeit ist zugleich Ausdruck und Existenz unseres Lebens, unserer Geschichte, und der Körper ist das Instrument unserer Zukunft.

All dies müssen wir im Auge behalten, wenn wir den Menschen in Segmente unterteilen. Es geht nicht nur um Geometrie und *Schwerkraft*. Es geht zugleich um die Frage unseres körperlichen *Bewußtseins*.

Die Unterteilung in einzelne Würfel kann uns helfen, eine klare Fragestellung zu formulieren: In welchem Abschnitt meines Körpers lebe ich? Gibt es einen Mittelpunkt meines Körperbewußtseins? Und – dies ist vielleicht die wichtigste Frage – gibt es weiße Flecken auf der Landkarte meines Körpers, weiße Flekken, die fast niemals berührt werden, die sich allenfalls mit Schmerz bemerkbar machen?

Es geht also um die Erweiterung meines Bewußtseins im Ver-

Ein Blick in den Spiegel kann uns helfen, unseren Körper zu »lesen«. Sind unsere Beine nach außen gedreht? Ist eine Schulter höher als die andere? Wie verhalten sich die einzelnen Abschnitte unseres Körpers zueinander?

hältnis zu meinem Körper, es geht um die Unmündigkeit meines Körpers. Aber das Rolfing will noch mehr: Es geht auch darum, dem Unbewußten eine positive Chance zu geben. Die Begründerin des Rolfings hat immer wieder betont, daß es möglich ist, strukturelle Schwächen auf der Ebene des Unbewußten zu beheben. »An individual in trouble unconsciously modifies his flesh, solidifies his mental attitude into a biological concrete.« Das heißt zu deutsch etwa: Ein Mensch mit Problemen verändert unbewußt seinen Körper so, daß sich seine innere Einstellung und seine biologische Realität in erstarrten Formen ausdrücken. Diese erstarrten Formen werden, sobald sie längere Zeit bestehen, im Verhältnis der Körpersegmente sichtbar – allerdings nur für das geschulte Auge.

Wir sind gewohnt, die Körperhaltung als Ausdruck bestimmter Grundstimmungen eines Menschen zu sehen. Wenn wir einen Mann mit aufgeblähtem Oberkörper sehen, meinen wir seinen arroganten und beherrschenden Charakter erkennen zu können. Beobachtungen dieser Art gehören zur Grundlage unserer Verständigung im sozialen Leben. Und es gibt seit Wilhelm Reich psychotherapeutische Schulen, die sich mehr oder weniger erfolgreich ausschließlich mit der Frage beschäftigen, wie sich Gefühle im Organismus ausdrücken.

Das geschulte Auge eines Rolfers bleibt nicht auf dieser Deutungsebene stehen. Betrachten wir nochmals das Beispiel des Mannes mit aufgeblähtem Oberkörper. Er mag bestimmte Charakterzüge haben, aber wie steht es mit der greifbaren körperlichen Realität? Die statische Betrachtung der Körpersegmente gibt uns ein paar allgemeine Antworten: Das Brustsegment ist an der Rückseite verkürzt, chronische Verkürzungen im Brustwirbelrückenbereich verhindern eine freie Atmungsbewegung. Das Zwerchfell steht zu hoch, der ganze Brustkorb ist im Einatmen fixiert. Eine körperliche Konstitution dieser Art hat sicherlich Bedeutung für die ganze Persönlichkeit. Das betrifft nicht nur den Charakter eines Menschen, sondern auch seine Vitalität, seine Ausdrucksfähigkeit, seine Kreativität und – um ein großes Wort zu gebrauchen – seine Humanität. Um diese umfassende Perspektive geht es, wenn der Rolfer seinen Klienten hilft, die einzelnen Segmente des Körpers »ins Lot« zu bringen.

Der Körper ist der Weg des Rolfings, ein Weg, der unablösbar mit allen Bereichen des Lebens verbunden ist.

Das Organ der Form: Bindegewebe

Wir haben bereits gesehen, daß bestimmte Grundmuster im Körperaufbau eines jeden Organismus vorhanden sind. Diese Grundmuster sind manchmal sehr alt. Wir erwerben sie schon in früher Kindheit. Andere Grundmuster sind beim Neugeborenen

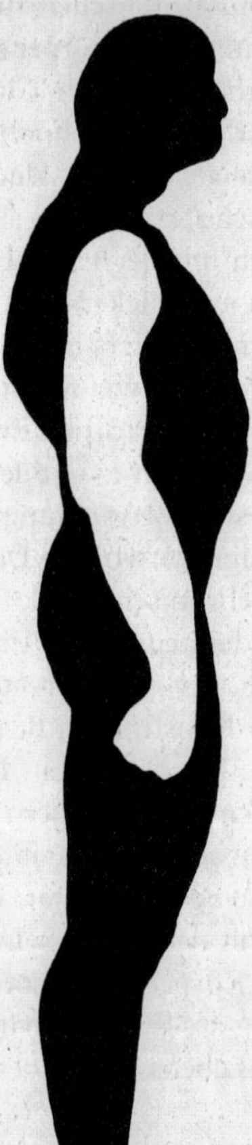

Ein aufgeblasener Mensch zeigt einen aufgeblasenen Körper: Das Zwerchfell steht zu hoch, der untere Rücken ist ständig angespannt, der steife Nacken versucht, die Verschiebungen der unteren Körpersegmente auszugleichen.

bereits sichtbar, wie die medizinische Forschung am Beispiel von Wirbelsäulendeformationen von Embryos diagnostiziert hat. Jedes Grundmuster unterliegt im Verlauf des menschlichen Lebens einem Formungsprozeß. Innere und äußere Einflüsse geben unserer körperlichen Erscheinung eine bestimmte Form. Nach traditioneller Auffassung ist diese Form durch die Muskulatur und die Stellung der Knochen vorgegeben. Aus der Sicht des Rolfings gibt es eine Gewebeart, die sehr viel bedeutender für die Form des Körpers ist: das *Bindegewebe*. Dieses Gewebe hat eine ganze Reihe von Aufgaben zu erfüllen, die sich sowohl anatomisch als auch physiologisch beschreiben lassen.

Für die praktische Rolfing-Arbeit haben die *Faszien*, eine spezielle Art des Bindegewebes, eine besondere Bedeutung. Die Faszien sind netzartige Gewebeschichten, die alle Bauelemente unseres Körpers umhüllen. Jeder Muskel hat seinen »Umschlag«, seine Faszienhülle. Auch jedes Organ ist mit Bindegewebsschichten umhüllt. Die Faszien geben genauen Aufschluß über den inneren Bau unseres Körpers. Würde man aus einem Organismus alle Muskeln, Knochen und Organe entfernen und nur die Faszien belassen, so würde sich eine genaue anatomische Karte des Körpers ergeben. Die Faszien scheinen tatsächlich das einteilende und unterteilende Element unseres Körpers zu sein. Sie sind – wie Ida Rolf es formulierte – ein *Organ der Form*.

Würde man eine Nadel durch unseren Arm bis zum Knochen führen, so würde diese Nadel verschiedene Schichten der Faszien durchlaufen. Als erstes würde die Nadel die Oberflächenfaszie direkt unter der Haut durchstoßen. Diese Oberflächenfaszie hüllt uns wie ein Film ein, der von unterschiedlicher Stärke sein kann. In der nächsttieferen Schicht würde die Nadel auf die spezifische Faszie eines Muskels treffen. Sie würde die individuelle Hülle, die »Bindegewebsverpackung« des Muskels durchstoßen. Schließlich würde die Nadel den Muskel selbst durchstoßen und die Verbindungsschicht von Muskel und Knochenhaut erreichen. Der Weg der Nadel zeigt uns die mehrdimensionale, strukturierende Verzweigung des *Fasziensystems*.

Faszien definieren Linien, Ebenen und Volumen innerhalb unseres Körpers. Sie bestimmen die Gleitfähigkeit eines Muskels im Verhältnis zu anderen Muskeln und die Wechselwirkung zwischen Muskeln und einzelnen Organen.

Ein einfaches Beispiel für die Art, wie eine Faszie Linien definiert, ist die Faszie an der Seite unseres Oberschenkels *(Fascia lata)*. Diese Faszie hat ihren Ursprung an einem kleinen Muskel *(Tensor fasciae latae)* und kleidet die Seite des ganzen Oberschenkels aus, verbindet die Hüftseite mit der Außenseite des Knies.

Der *Tensor fasciae latae* ist ein Stoßdämpfer, der jeden Schritt mechanisch abfängt. Die Schwerkraftlinie im Inneren des Beins wird weitgehend durch die zuweilen lederähnliche Schicht der *Fascia lata* mitbestimmt. Häufig stehen Strukturschwächen des Knies in einem engen Zusammenhang mit der Qualität der Fascia lata, mit der Liniendefinition der Oberschenkelaußenseite. Die Beziehung von Oberschenkelknochen und Schienbein ist relativ starr. Diese Beziehung läßt sich durch Manipulation nur sehr schwer verändern. Die Position des Wadenbeins dagegen ist äußerst flexibel und wandelbar. Das Wadenbein *(Fibula)* hat die Funktion, Strukturschwächen des Knies auszugleichen. Die bis zum Wadenbein verbundene *Fascia lata* begrenzt mit kräftigen Faserschichten den Spielraum der Ausgleichsmöglichkeiten. Ob ein Knie seine funktionsgerechte Position halten kann, hängt also nicht nur vom inneren Aufbau des Gelenks ab, sondern auch von der großflächigen Schicht der angrenzenden *Faszien*.

Das Beispiel der Fascia lata verdeutlicht die komplexe Aufgabe, die einzelne Faszienschichten zu erfüllen haben. Die mechanische Aufgabe der Fascia lata ist, die äußere Begrenzung für eine geradlinige Beinbewegung zu liefern. Bei einer geradlinigen Beinbewegung pendelt das Knie in einer Linie unter der Hüfte, d. h. genau in der Mitte zwischen Ferse und Hüfte nach vorne. Das Knie arbeitet bei dieser Bewegung als *Scharniergelenk*.

Solange wir beim Gehen diese Scharnierbewegung bewahren können, wird das Kniegelenk auch großen Gewichtsbelastungen standhalten können. Kritisch wird die Situation erst in dem Augenblick, in dem das Knie während der Bewegung nach vorne

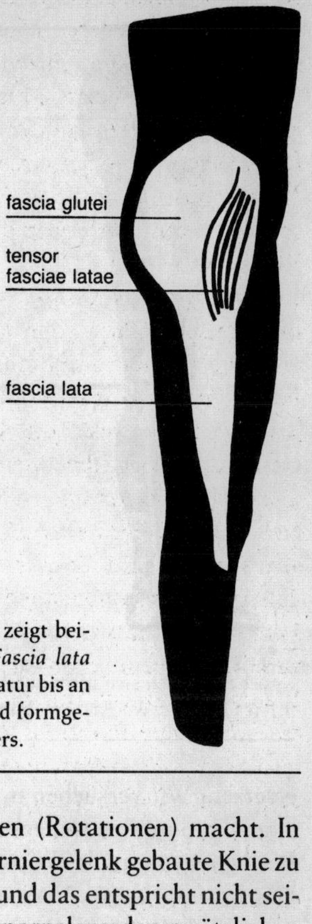

Die Seitenansicht des menschlichen Beines zeigt beispielhaft die Bedeutung der Faszien: Die *Fascia lata* schafft Verbindungen von der Gesäßmuskulatur bis an die Außenseite des Unterbeines. *Faszien* sind formgebende Verbindungsschichten unseres Körpers.

auch noch seitliche Drehbewegungen (Rotationen) macht. In diesem Augenblick wird das als Scharniergelenk gebaute Knie zu einem Kugelgelenk umfunktioniert, und das entspricht nicht seinem anatomischen Bau. Die Gelenkknorpel werden zusätzlichen Belastungen ausgesetzt, der Gang des Menschen verliert seinen natürlichen Fluß, und der Mensch kämpft sich mit unbeholfenen Beinen vorwärts.

Die Strukturschwäche um ein einzelnes Gelenk zieht meist auch Reaktionen in anderen »Bauelementen« des Körpers nach sich. Die mangelnde Stabilität in den Beinen verführt den Rükken und den Schultergürtel dazu, die mangelnde Grundlage zu

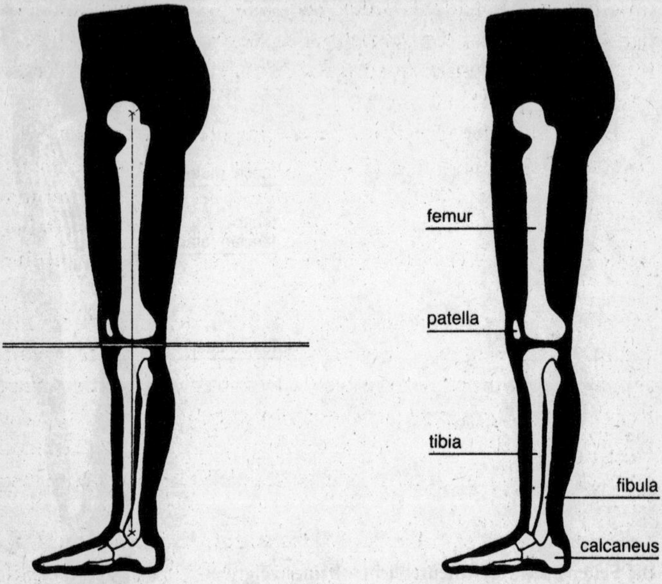

Knochen ordnen sich nicht zufällig zu einer bestimmten Form an: Sie finden ihren Ort dort, wo *Faszien*, Bänder und Muskeln Raum bieten.

ersetzen. Wir versuchen in einer derartigen Situation gleichsam einen Fixpunkt zu finden, eine stabile Ausgangsbasis für unsere Bewegungen im Oberkörper, nachdem die untere Basis versagt. Das Resultat dieses Versuchs sieht aber ganz anders aus, als es unser unbeholfener Reaktionsmodus will. Unsere Bewegung wird eckig, die Schultern und der Rücken sind angespannt, anstatt auf der solid funktionierenden Grundlage gelöst zu stehen. Das mechanische Durcheinander unseres Körpers wird sich in Momenten der psychischen Verunsicherung verstärken. Bei Begegnungen, die uns unangenehm sind, in Momenten der Angst oder bei einer spürbaren Tendenz zu Aggressionen arbeiten die Schwachstellen des Körpers wie ein dissonantes Orchester gegeneinander. Unsere Bewegungen, die der lebendige Ausdruck unserer Gefühle und Gedanken sein sollten, werden dann zu einer Karikatur. Auf einmal sieht alles so aus, als würden die Gefühle, als würde unser Ausdrucksvermögen in einer Hülle steckenbleiben.

Diese Hülle wird tatsächlich zu einem guten Teil von dem *Fasziensystem* gebildet und nicht nur von den »angespannten Muskeln«. Wir stehen vor der Entscheidung, ob wir dieses feinmaschige Netz als formgebende Stütze unseres Körperbaus erleben wollen, oder ob wir es als unbewußten, starren Füllstoff abtun.

Die anatomische Forschung unseres Jahrhunderts hat bisher nur wenig Interesse an den Faszien gezeigt [1]. Seit dem späten neunzehnten Jahrhundert ist die Sektionstechnik darauf aus, klare Präparate von Organen, Muskeln und Knochen zu liefern [2]. Die Bücher und Atlanten zur Anatomie zeigen dementsprechend Körper, bei denen Organe, Muskeln und Knochen offengelegt wurden.

Die Faszien wurden bei den Vorlagen zumeist entfernt und als unwesentliche Hülle beiseite gelassen [3]. Auf diese Weise erhält man ein klar unterteiltes Bild der einzelnen Organe, Muskeln und Knochen, schließlich auch der Gefäße, Drüsen und anderer Elemente des Organismus. Wir befinden uns damit, um es theoretischer auszudrücken, auf dem Gebiet der Morphologie, die sich um Systematik, Unterscheidung und Klassifikation bemüht. Die Faszien lassen sich nicht so einfach in ein derartiges übersichtliches System einbeziehen. Ihr Erscheinungsbild bietet wenig Anhaltspunkte zur Verallgemeinerung und Typisierung. (Der Muskel X in einem Menschen ist dem Muskel X in einem anderen Menschen sehr ähnlich. Die Faszie Y ist der Faszie Y in einem anderen Menschen häufig in ihrem Erscheinungsbild kaum mehr zuzuordnen.)

Die Faszien stehen zwischen der Morphologie und Physiologie der Biologie, zwei wissenschaftliche Bereiche, die methodisch unterschiedlich vorgehen. Die Physiologie beschäftigt sich mit den Prozessen des lebendigen Organismus. Und es ist noch gar

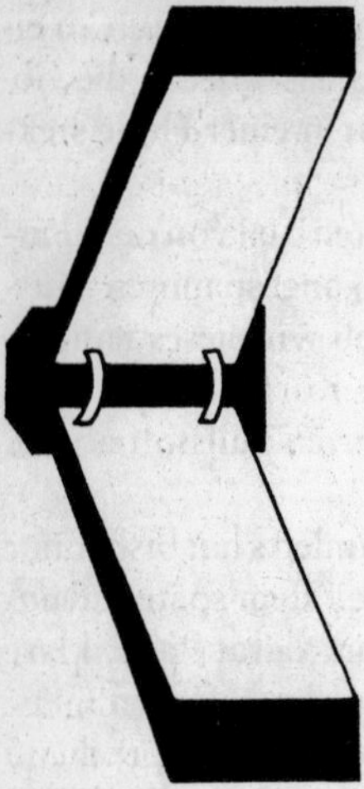

Unser Kniegelenk ist – vereinfacht betrachtet – nach dem Prinzip eines *Scharniers* aufgebaut. Es kann seine Bewegungsaufgaben nur dann störungsfrei erfüllen, wenn es sich nicht zu weit von der Form eines Scharniers entfernt.

nicht geklärt, wie weitgehend das Fasziensystem an grundlegenden Steuerungsprozessen des Organismus mitwirkt. Jedenfalls gibt es aus neueren Forschungen Hinweise, daß das *Bindegewebe* sehr viel entscheidendere Aufgaben im Organismus übernimmt, als bisher angenommen wurde. Ida Rolf hoffte auf eine exakte Wissenschaft der Strukturintegration des menschlichen Körpers. Vielleicht lassen sich in der Zukunft physiologische Theorien über die Wachstumssteuerung des Organismus durch das Bindegewebe erhärten.

Die Formbarkeit des Bindegewebes

Im Grunde ist die ganze Theorie des Rolfings so klar und einfach, daß sich die praktische Arbeit ganz unmittelbar aus der Theorie ableiten läßt. Das *Bindegewebe* ist, wie wir gesehen haben, ein wesentliches Formelement, d. h., es bestimmt weitgehend mit, welchen Körperbau wir haben. Zugleich hat das Bindegewebe auch die Eigenschaft, auf mechanische und chemische Einflüsse mit dauerhaften Veränderungen zu reagieren.[4] Es ist ein energetisch äußerst sensibler Gewebetyp. Gerade diese Sensibilität ist es ja, die es möglich macht, daß bestimmte Belastungen, die immer wieder auf den Organismus wirken, dauerhafte Spuren hinterlassen: Der Körper zeigt genau das verschobene Bild, in das er immer wieder gezwängt wurde. Wenn also äußere Einflüsse bleibende Spuren im Körperbau zurücklassen, liegt es nahe, diese Beeinflussung umzukehren und den Organismus in eine positive Richtung zu führen.

Ida Rolf ist in den ersten Jahrzehnten ihrer Arbeit konsequent diesen Weg der mechanischen Umkehrung gegangen. Sobald ein Mensch mit mechanisch bedingten Verschiebungen zu ihr kam, versuchte sie, durch sensitiven Druck ihrer Hände auf das Bindegewebe strukturelle Verschiebungen auszugleichen. Seit dieser Zeit hat sie ihre Arbeit wesentlich weiterentwickelt. Nicht alle Strukturschwächen des Organismus sind nämlich so einfach gelagert, daß sie sich buchstäblich »mechanisch« lösen lassen.

Am Bindegewebe ist eine einfache, direkte Formungsarbeit möglich. Die schon erwähnte Seitenfaszie des Oberschenkels liefert dafür ein gutes Beispiel. Die massive Faserstruktur der *Fascia lata* läßt sich unter intensivem Druck verändern.

Ein anderes Beispiel liefern die Verbindungsgelenke zwischen Rippen und Wirbeln im oberen Teil des Rückens. Falls die Gewebeschichten an diesen Stellen zu unnachgiebig sind, kann sich die Atmungsbewegung nicht im Rücken manifestieren, der Rükken bleibt unbeweglich, während sich beim Einatmen Brust und Bauch nach vorne wölben. Auch in diesem Fall läßt sich die nötige Beweglichkeit im Gelenk zwischen Rippe und Wirbel wieder durch direkten formenden Einfluß herstellen. Wir haben es also mit einer mechanischen Beeinflussung zu tun, die sehr sensitiv auszuführen ist.

Wenn die Form des Organismus als Ganzes eine Rolle spielt und es nicht nur um direkte Beeinflussung einer einzelnen Schicht geht, wird der Vorgang komplizierter. Die Form des Organismus, der ganze Körperbau läßt sich nämlich nicht ganz so vereinfachen, wie wir das mit unseren Schemazeichnungen, mit Blöcken, Linien und Ebenen darzustellen versuchen. Es gibt eine unzählige Vielfalt von Verbindungen, die das innere körperliche Gleichgewicht ebenso gewährleisten wie die äußere Form. Verbindungen dieser Art verlaufen nicht so klar, wie es der Verlauf einzelner Muskeln oder die Position einzelner Knochen nahelegt. Knochen und Muskeln haben eine genau abgrenzbare Form, der Muskel an der Seite des Oberschenkels läßt sich in Ursprung und Ansatz genau bestimmen. Die darüber liegende *Faszie* jedoch kann ganz unterschiedliche Formen annehmen. Sie kann beispielsweise eine dichte Verschmelzung mit der Oberflächenfaszie des unteren Beines an ihrem unteren Ende eingehen, oder sie kann am oberen Ende über Oberflächenschichten, die über die Hüfte eine Verbindung zum Rücken schaffen, mit der schwierigen Schaltstelle im Kreuz verbunden sein.

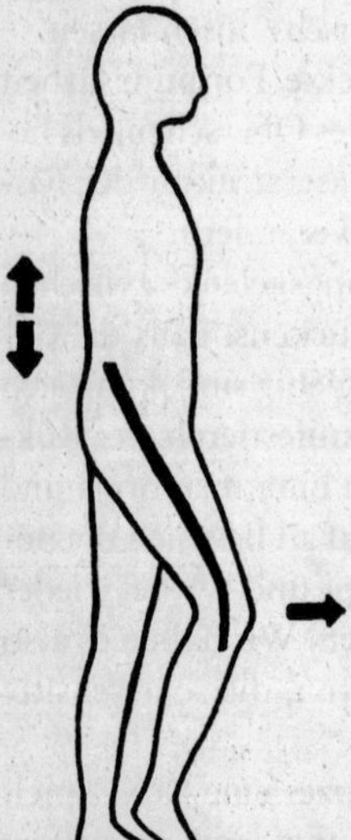

Beim Gehen zeigt sich, ob die Faszie an der Seite des Oberschenkels *(Fascia lata)* eine geradlinige Vorwärtsbewegung des Knies erlaubt, ob unser Rücken »loslassen« kann, während das Knie nach vorne pendelt.

Allgemein läßt sich sagen, daß zwei Komponenten für das Wechselspiel von einzelnen, lokalisierbaren Spannungen und der komplexen Gesamtform sorgen: Die *Oberflächenfaszie,* jenes einheitlich unter der Haut unseren ganzen Körper einhüllende Fasersystem, ermöglicht die Weitergabe von Spannungen über Körperabschnitte hinweg, ohne daß man diese Weitergabe mit einer Analyse der anatomischen Elemente beschreiben könnte. Und die jeden Muskel einhüllende *Einzelfaszie* trägt auf ihre Weise im Wechselspiel mit der *Oberflächenfaszie* zu der manchmal merkwürdigen Spannungsübertragung bei. Hinzu kommt, daß die Einzelfaszie nicht genau dort endet, wo ihr Muskel Ursprung und Ansatz hat, sondern häufig in andere Faszien bzw. in die Faszien anderer Muskeln weiterverläuft. Dies scheint der Grund zu sein, weshalb wir in Rolfing-Sitzungen oft diese erstaunlichen Wahrnehmungen machen: Der Rolfer hat seine Hand an einer Stelle unseres Körpers, er bewegt seine Finger unmerklich, und plötzlich spüren wir eine Reaktion in einem ganz anderen Körperabschnitt, als ob sich etwas innerlich öffne.

Was bedeutet diese Öffnung? Sicherlich ist es kein mystisches Ereignis, sondern lediglich ein Hinweis darauf, daß nicht alles in den Landkarten unseres Körpers vermessen ist.

Der Rolfer muß sich gewissermaßen eine eigene Landkarte für jeden Menschen machen. Seine Landkarte basiert auf dem, was wir bereits aus der Anatomie wissen, und wird ergänzt durch Erfahrung, Intuition und ein wenig experimentelles Spiel. Und diese Landkarte ändert sich von Sitzung zu Sitzung, weil jede Sitzung die plastische Form des Fasziengerüsts verändert.

Das Handwerk eines Rolfers besteht im wesentlichen darin, in die dargestellte Spannungsvielfalt ordnend einzugreifen. Es geht also, dies muß immer wieder betont werden, gar nicht so sehr darum, Spannungen auseinanderzukneten. Manchmal ist eine gewisse Spannung ja durchaus sinnvoll. Es geht eher darum, die Relationen der einzelnen Bauelemente des Körpers so zu verändern, daß sich eine sinnvolle »Wohlspannung« einstellt. Diese Wohlspannung ist etwas ganz anderes als Entspannung. Entspannung kann dem Organismus durchaus eine sinnvolle Ruhepause gönnen, sie kann aber nicht in das innere Wachstumsverhalten des Körpers eingreifen. An dieser Unterscheidung trennen sich klar die Wege vieler traditioneller *Massagen* und der Weg des Rolfings. Die Plastizität des *Bindegewebes* sieht der Rolfer nicht nur auf der Ebene eines momentanen Eingriffes, sondern auch als bleibende Gegebenheit. Deshalb lautet seine Aufgabe: Wie kann man formend auf das *Fasziensystem* einwirken, damit der Organismus nicht nur momentan, sondern dauerhaft etwas anderes mit seiner Form anstellt?

Die schon erwähnte Neuordnung zeigt sich also nicht unbedingt gleich nach einer Sitzung. Der Klient arbeitet mit jeder seiner Bewegungen im Alltagsleben an den Formimpulsen weiter, die während der Sitzung gesetzt wurden.

Nun stellt sich die Frage, wie wir dafür sorgen können, daß unsere Plastizität richtig ausgenützt wird, wie wir nach Abschluß unserer Rolfing-Sitzungen oder auch zwischen den Sitzungen dafür sorgen können, daß wir weiter in die richtige Richtung wachsen und nicht wieder in alte Muster zurückfallen.

Für alle Übungssysteme, Lehrsysteme und Therapien stellt sich die Frage: Ist der Wandel wirklich von Dauer? Geht es langfristig mit dem Menschen positiv weiter?

Für den Rolfer und seinen Klienten heißt diese Frage genau formuliert: Wächst der Klient weiter in die Richtung, die ihm während der Sitzungen auf der Ebene tiefliegender Steuermechanismen des Nervensystems ebenso gegeben wurden wie mit einem gewissen Maß an Bewußtseinsschulung? Wie also bleibt er aufrecht, wie kann er weiter in ein noch besseres körperliches und seelisches Gleichgewicht hineinwachsen?

Die *Plastizität des Bindegewebes* ist nicht nur anfällig für die schon erwähnten Ausnahmesituationen: für den unfreiwilligen Treppensturz oder den Auffahrunfall mit dem Auto. Es sind auch sehr langsam laufende Prozesse, die jede Gewebeschicht beeinflussen und damit zur Formgebung unserer Person beitragen. Zum guten Teil haben diese Prozesse mit Steuerungsmechanismen zu tun, die auf der Ebene gewisser Grundschaltungen unseres *Nervensystems* liegen.

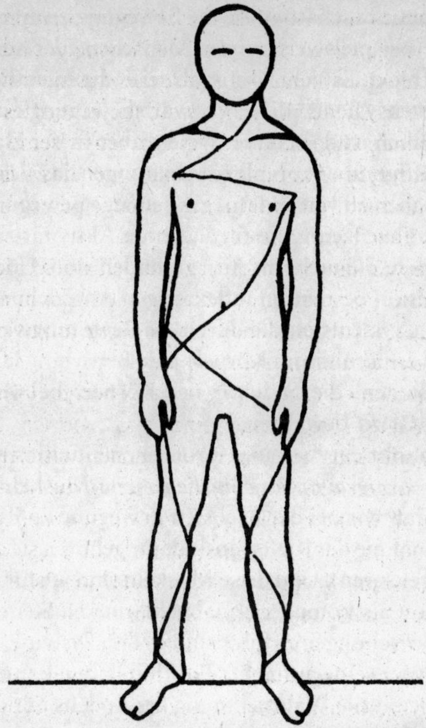

Die eingezeichneten Linien zeigen, wie sich Spannungen im Fasziennetz abbilden. *Faszien* können Spannungen über große Abstände im Körper weitergeben. Der Rolfer macht sich eine »Landkarte« für jeden Menschen. Er beobachtet immer wieder die Veränderungen der Atmungsbewegung und den Wandel der »Spannungslinien«.

Damit der von der *Faszienstruktur* vorgegebene Raum, die äußere Form, aufrechterhalten werden kann, bedient sich der Organismus einer Reihe von Systemelementen des Nervensystems, die alle zusammenwirken, um eine aufrechte Körperstruktur zu gewährleisten. Es ist ganz eigentümlich: Wir beobachten die Bewegung eines Menschen und haben den Eindruck, daß sein Nervensystem damit beschäftigt ist, die Bewegung zu erzeugen. Betrachten wir beispielsweise einen Menschen, der seinen Arm nach vorne streckt. Es sieht so aus, als sei es die eigentliche Funktion des Nervensystems, diese Vorwärtsbewegung zu ermöglichen. Tatsächlich ist das Nervensystem aber in der Hauptsache damit beschäftigt, über komplexe Schaltungen das Vornüberfallen des Menschen zu verhindern. Eine einzige Bewegung des Armes verlangt gleichzeitig die regulierende Aktivität zahlreicher Muskelgruppen, die nicht im Arm zu finden sind. Und der Sinn dieser Regulation besteht im reflexartigen Angleichen des inneren statischen Systems an die durch die Bewegung veränderten Schwerkraftverhältnisse im Körper. Jede Bewegung läßt sich als Versuch verstehen, die *Struktur* des Körpers bei veränderter Muskelaktivität zu bewahren.

Im Mittelpunkt der hier angesprochenen Situation stehen die sogenannten *Antigravitationsmuskeln*, jene Muskeln also, die verhindern, daß wir bei der nächsten Bewegung zu Boden stürzen. Mit Ausnahme der Kiefermuskulatur gehören sie alle zu den Streckern (Erektoren). Und diese Muskeln sind ausführende Organe des schon als komplex erwähnten inneren Steuersystems.

Neueren Forschungen zufolge sind es drei Systeme, mit deren Hilfe der Körper seine aufrechte Position halten kann: das Sehvermögen, die taktile Wahrnehmung des Bodens mit den Füßen und das Gleichgewichtsorgan.

Wenn wir eine Katze in die Luft werfen, so wird sie immer auf ihren Füßen landen. Dieses einfache Experiment gibt uns einen Hinweis darauf, wie sehr die Orientierung mit den Augen im Mittelpunkt unserer Raumorientierung steht. In Zeitlupe aufgenommen, zeigt uns die Katze folgendes Verhalten[5]: Sie dreht – während sie in der Luft ist – zunächst den Kopf, bis die Augen die Waagerechte finden. Dann bringt sie über reflektorische Aktivitäten der Nackenmuskulatur ihre Schultern unter den Kopf, und schließlich richtet sie den restlichen Körper an den Schultern aus und landet somit direkt auf ihren Füßen. Dieses Experiment zeigt die für Tiere genauso wie für den Menschen zentrale Funktion einer visuellen Orientierung an der horizontalen Linie unserer Umgebung.

Ein zweites Experiment zeigt die Bedeutung, die unsere Füße für unser Aufrechtsein haben. Man beobachtete Patienten, die keinerlei Wahrnehmung durch das Gleichgewichtsorgan hatten und deren Augen verbunden waren. Sie konnten sich immer noch aufrecht ohne Stolpern bewegen und eindeutig wahrnehmen, wo oben und unten im Raum ist. Andererseits stellte man fest, daß Patienten mit Störungen der sinnlichen Wahrnehmung in den Beinen unter denselben Bedingungen hinfielen, also keine korrekte Orientierung im Schwerefeld der Erde finden konnten.

Dieses Experiment zeigt, daß das zweite System zur Selbstorientierung im Tastsinn der Füße zu suchen ist.[6] Die visuelle Orientierung im Raum und die taktile Wahrnehmung des Bodens durch die Füße werden schließlich durch die Wahrnehmung des Gleichgewichtsapparates ergänzt.

Mit diesem dreifachen Orientierungssystem ausgerüstet, können nun die regulierenden Aktivitäten der *Antigravitationsmuskeln* arbeiten.[7] Und wieder sind es mindestens drei Systeme, die dafür ineinandergreifen, die, wie schon erwähnt, niedrigen Schaltmechanismen des Kleinhirns (Cerebellum) und der Großhirnganglien und das übergreifend regulierende System der Bewegungskortex. Es bedarf also, wie wir sehen, einer erstaunlich komplexen Aktivität unseres *Nervensystems* und *Gehirns,* wenn es nur darum geht, den so inaktiv aussehenden Vorgang aufrechten Stehens möglich zu machen.

Ziel des Rolfings

Nach soviel Hinweisen auf schwierige Kapitel der Anatomie und Physiologie mag der Leser fragen, was denn eigentlich das Ziel des *Rolfings* ist, in welche Richtung diese Arbeit führt. Wir haben bereits in der Einleitung etwas über persönliche Eindrücke gehört. Nun schwanken diese persönlichen Eindrücke aber von

Person zu Person so stark, daß es legitim ist, zu fragen, ob der Rolfer nicht seinerseits ein klares Konzept hat, ein Konzept, das zumindest den allgemeinen Rahmen absteckt. Welche Art Wandel wird von den zehn Rolfing-Sitzungen eingeleitet?

Es gibt eine abstrakte und eine konkrete Antwort. Abstrakt formuliert können wir sagen, daß der Wandel »struktureller« Natur, nicht inhaltlicher Art ist. Das *Rolfing* unterscheidet sich von den meisten *Psychotherapien* dadurch, daß es sich an keinem festen Wertsystem orientiert. Dem Rolfer geht es also nicht darum, den Menschen dahin zu führen, daß er einem mehr emotional oder rational geprägten Menschenbild nahekommt. Es geht darum, eine allgemein physiologische Grundlage für eine wie auch immer geartete Entfaltung der Persönlichkeit zu schaffen. Und in konkreter Weise läßt sich auch beantworten, wie diese allgemein physiologische Grundlage aussieht. Wir wollen sie nach sieben Gesichtspunkten gliedern:

1. Freie Atmungsbewegung
2. Innere Linie des Körpers im Schwerefeld der Erde
3. Laterale Linie des Körpers und Ausgewogenheit der Vorder- und Rückenseite
4. Gleichgewicht von Beugern und Streckern
5. Relative Symmetrie beider Körperhälften
6. Horizontale Scharniergelenke
7. Gelassenheit der Bewegung als Prinzip

1. Freie Atmungsbewegung

Wie können wir feststellen, ob eine Atmungsbewegung »frei« ist? Für eine erste Orientierung genügt es, darauf hinzuweisen, daß es eine ganz einfache Beobachtungsregel gibt: Freie Atmungsbewegung ist als gleichmäßige Bewegung in allen vier Seiten des Rumpfes sichtbar. Sie ist also nicht nur als Bauchatmung sichtbar, während der Oberkörper steif bleibt, oder umgekehrt. Betrachten wir beispielsweise eine Katze, so sehen wir deutlich

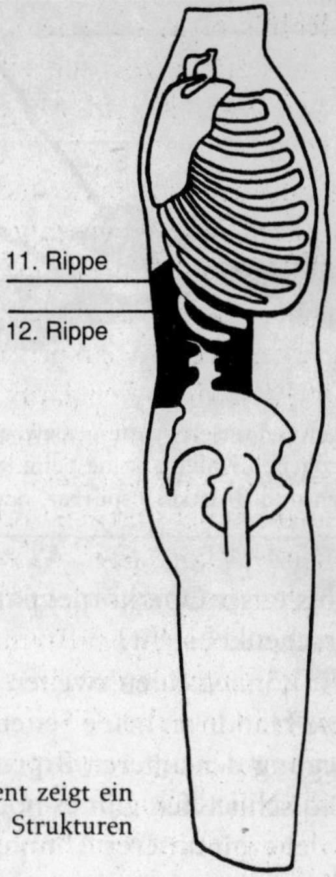

Das schwarz eingezeichnete Körpersegment zeigt ein wichtiges Spezialgebiet des Rolfings, die Strukturen um die zwölfte Rippe.

die Bewegung der Flanken während des Atmens. Freie Atmung ist auch beim Menschen in den Seiten des Körpers sichtbar. Es gibt dort eine »Kontrollstelle«, die zwölfte Rippe, das ist die unterste Rippe des Menschen. Das Gebiet um diese zwölfte Rippe ist anatomisch äußerst komplex und ist das eigentliche Spezialgebiet des Rolfings. Ida Rolf sagte einmal, daß sie, wenn sie sich nur auf ein Segment des Körpers spezialisieren müßte, dieses Gebiet um die zwölfte Rippe wählen würde. Wir können dieses Gebiet an uns selbst austesten, indem wir uns im Sitzen zur Seite drehen. Die Drehung sollte zwischen Hüften und Brustkorb stattfinden und den Nacken fast unbeteiligt lassen. Ist es möglich, diese Seitendrehung ohne Anspannung so weit auszufüh-

Wir können unsere Atmungsbewegung selbst testen, indem wir uns mit leicht angezogenen Knien auf die Seite legen. Ist die Atmungsbewegung zwischen Becken und Brustkorb spürbar, oder bleiben unsere Seiten unbeweglich?

ren, bis unser Oberkörper parallel zu dem nach vorne zeigenden Oberschenkel steht?

Wir können einen zweiten Test machen, indem wir im Stehen unsere Hände an beide Seiten der Taille legen. Ist die Atmungsbewegung der unteren Rippen dort spürbar?

Und schließlich gibt es noch einen ganz einfachen Test: Was geschieht mit unserer Atmung, sobald wir uns anstrengen? Verfügen wir über ein Gleichgewicht von Atmung und Bewegung, sobald wir schneller gehen oder laufen? Geraten wir schnell außer Atem? Was geschieht, wenn wir emotional angespannt sind? Aus der Sicht des Rolfings besteht eine enge Wechselwirkung zwischen Atmung und Körperstruktur. Die Atmung ist zugleich Instrument und Ausdruck strukturellen Wandels.

2. *Innere Linie des Körpers im Schwerefeld der Erde*

Die innere Linie des Körpers läßt sich nicht so leicht anatomisch dingfest machen. Äußerlich betrachtet handelt es sich um eine gerade Linie, die zwischen den Knöcheln, den Knien nach oben verläuft. Im Idealfall verläuft sie irgendwo tief im Inneren des

Organismus, also an der Vorderseite der Wirbelsäule. Um diese innere Linie zu sehen, muß der Betrachter sehr viel mehr auf sein ästhetisches Empfinden zurückgreifen als anatomisches Detailwissen anwenden. Sobald ein Organismus sein optimales Gleichgewicht gefunden hat, und dies sollte nach Abschluß der zehn Rolfing-Sitzungen möglich sein, arrangieren sich die Segmente (die einzelnen »Blöcke«) des Körpers wie von selbst um diese Linie. Erfahren wir diesen Zustand an uns selbst, so wird das Gefühl einer ganz merkwürdigen Innenwahrnehmung spürbar. Der Körper wird schwerelos, so als würde uns etwas von innen aufrichten. Die Schwerkraft unterstützt in diesem Augenblick positiv die innere Form und das äußere Erscheinungsbild des Menschen. Ida Rolf sagte einmal: »Man is a something built around a line« – der Mensch ist etwas, das sich um eine Linie herum aufrichtet.

Diese Linie ist also nicht an einer einzelnen Schicht des Körpers festzumachen, sie ist auch nicht mit der Wirbelsäule oder dem vorderen Längsband vor der Wirbelsäule zu verwechseln[8]. Sie dient eher einer Idealisierung, nämlich der Ausrichtung des Körpers im Schwerefeld der Erde im Sinne einer Idealform. Die innere Linie ist kein Dauerzustand des Körpers, sondern ein Organisationsprinzip, zu dem wir immer wieder zurückkehren können und das den Ausgangspunkt und den Endpunkt unserer Bewegungen im Stehen und Sitzen markiert.

Aus der Geschichte der Kunst lassen sich nur wenige Zeiträume anführen, die eine klare bildnerische Gestaltung des hier angesprochenen Formprinzips leisteten. Am klarsten sind die Skulpturen aus der *altägyptischen Zeit*. Ähnliches findet sich auch noch in der frühen *griechischen Plastik*. Allerdings ist bei den Griechen die völlig ausgeglichene Stellung des Beckens, die so einmalig in der *ägyptischen Skulptur* sichtbar ist, mehr und mehr verlorengegangen. Von vorne betrachtet, zeigen die griechischen Statuen eine erstaunliche innere Linie, das gilt beispielsweise für den Kuros von Tenea, den Kuros von Melos oder besonders für den Kritios-Knaben von der Akropolis oder die Peploskore von der Akropolis. Der Nacken der Statuen ist gelöst

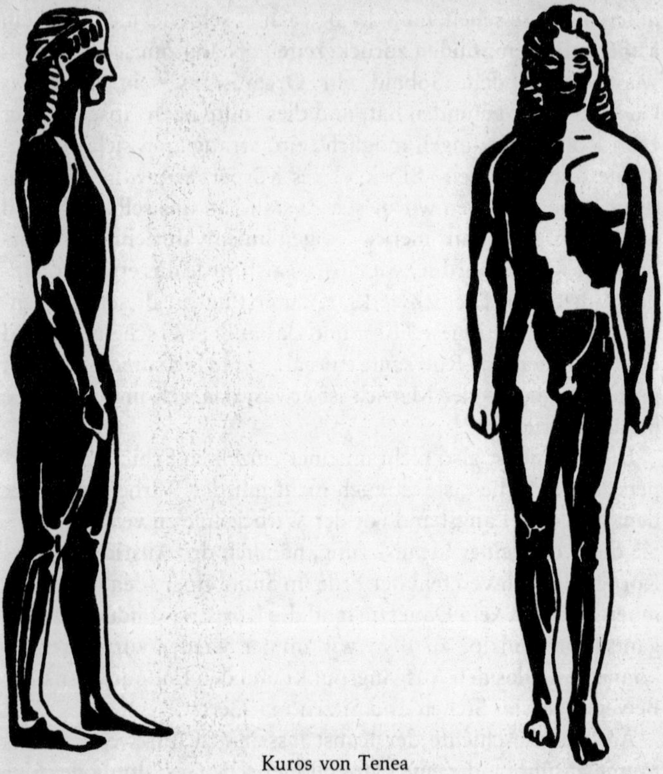

Kuros von Tenea

aufrecht, die Schlüsselbeine zeigen eine horizontale Linie, und der ganze Körper steht »wie von selbst« aufgerichtet.

Von der Seite betrachtet, ist bei einzelnen Statuen aber bereits eine Abweichung von der Ideallinie sichtbar[9]. Diese Abweichung wird in der späteren *griechischen Plastik* immer deutlicher sichtbar werden und schließlich auch in der Neuzeit – während der Renaissance – die Skulptur beeinflussen. Anatomisch ist diese Abweichung an der Stellung des Beckens im Verhältnis zur Wir-

Peploskore von der Akropolis

belsäule erkennbar. Während bei der altägyptischen Personendarstellung das Kreuzbein *(Sacrum)* als einheitlicher Teil der Wirbelsäule dargestellt ist, der fünfte Lumbalwirbel also ohne Knick auf dem Kreuzbein sitzt, zeigt sich bei der griechischen Skulptur ein deutlicher Einschnitt. Das Becken ist insgesamt leicht nach vorne geneigt, der Rücken im Verhältnis zur Vorderseite leicht angespannt, und der fünfte Lumbalwirbel und das Kreuzbein stehen mit einem Knick aufeinander.

Es braucht uns in diesem Zusammenhang nicht zu beschäftigen, welche kulturgeschichtlichen Faktoren zu dieser Entwicklung, zum Verlust der *inneren Linie* einer Skulptur, beitrugen. Es ist lediglich wichtig, darauf hinzuweisen, daß es große Zeiträume gab, in denen unsere Idealisierung gegenwärtig war.

Interessanterweise findet sich das abstrakte Grundmuster in der *altägyptischen Kultur* über weite Epochen. Es handelt sich also nicht um ein Stilphänomen einer kurzen Zeit. Und auch die in der Kunstgeschichte verbreitete Bezeichnung »Königshaltung« ist etwas irreführend, denn häufig sind auch die Vertreter der Volksschichten so dargestellt, daß die Prinzipien der inneren Linie gewahrt bleiben. Handelt es sich bei den ägyptischen Darstellungen des Menschen also vielleicht um bestimmte Aspekte in der Wahrnehmung des menschlichen Körpers, die als bezeichnend für den Menschen betrachtet wurden? War der Mensch in der Skulptur lediglich einem »Kubus« eingeordnet, oder gab es

ein Formprinzip des Menschen? Falls dieses Formprinzip Geltung hatte, dann wäre die ägyptische Skulptur als Ausdruck eines pädagogischen Ideals zu verstehen [10].

3. Laterale Linie und Ausgewogenheit zwischen Vorder- und Rückseite

Die innere Linie des Körpers sollte auch von der Seite betrachtet sichtbar sein. Das bedeutet, daß günstigstenfalls die einzelnen *Segmente* (Blöcke) unseres Körpers genau übereinanderstehen, und es bedeutet darüber hinaus, daß vor und hinter dieser Linie in etwa das gleiche Volumen unseres Körpers sichtbar ist. Im Idealfall können wir dann das Lot durch folgende Kontrollpunkte fällen: durch das Ohr, das Schultergelenk, durch das Hüftgelenk, durch das Knie und durch das Sprunggelenk.

Rechts: Zeichnung (Ausschnitt) nach einem Steinrelief im Tempel des Königs Sethos I. (1304–1290 v. Chr.) in Abydos. Das Relief zeigt König Ramses II. beim Fang eines Opferstieres.

Links: Zeichnung (Ausschnitt) nach einem Steinrelief aus der 5. Dynastie: Heimkehr der Herde. Das Relief zeigt »integrierte« Bewegung: Die Herdentreiber bewegen ihre Gliedmaßen »von innen her«, Schulter und Rücken bleiben in voller Länge, während der Arm angehoben wird.

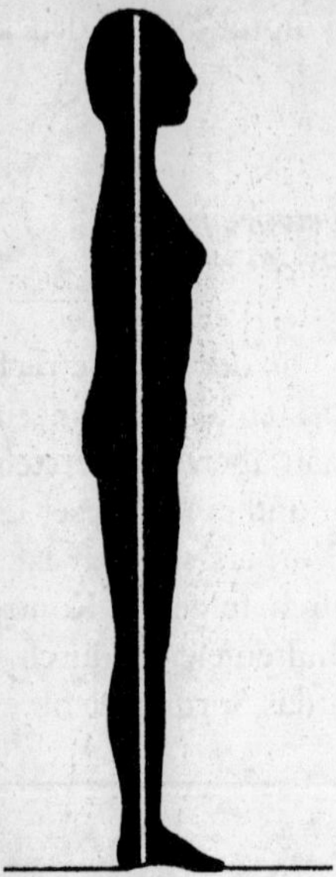

Die *laterale Linie* unseres Körpers bringt zum Ausdruck, ob zwischen Vorder- und Rückseite ein ausgewogenes Verhältnis besteht. Im Idealfall können wir das Lot durch folgende Kontrollpunkte fällen: Ohr, Schultergelenk, Hüftgelenk, Knie und Sprunggelenk.

Sobald sich unser Körper strukturell in diese Richtung entwikkelt, kann sich der bereits beschriebene »freie Atem« einstellen, d. h., das Zwerchfell wird zu einem Bewegungsraum finden, die zwölfte Rippe wird an der Atmungsbewegung teilhaben, und wir können auch in den unteren Rücken atmen.

4. *Gleichgewicht von Beugern und Streckern*

Die soeben beschriebene gleichmäßige Verteilung von Vorder- und Rückseite des Körpers kann nur dann ohne krampfhafte Anstrengung gehalten werden, wenn die wichtigsten *Antagonisten* des Muskelsystems in einem ausgewogenen Spannungsverhältnis stehen. Natürlich können wir uns alle für einige Zeit mehr oder weniger krampfhaft gerade hinstellen. Die Frage ist

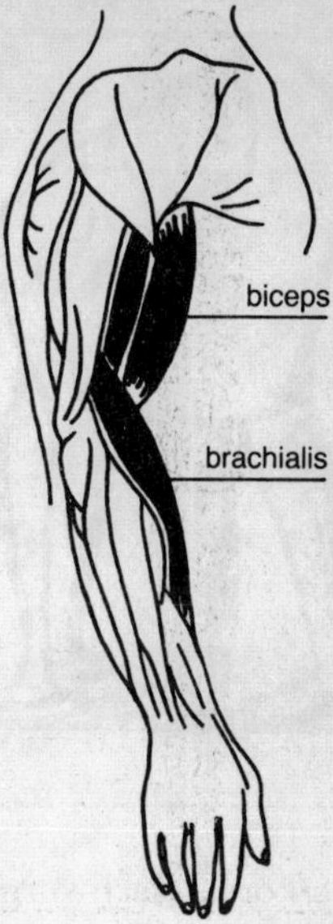

Die Beugemuskulatur des Unterarmes (schwarz eingezeichnet) erlaubt nur dann ein gelöstes Hängen des Armes, wenn sie im Gleichgewicht mit den Streckern steht.

nur, wie lange wir diese Position einnehmen können, ohne uns anzustrengen, ohne einzelne Partien unseres Körpers anzuspannen. Gelöstes Aufrechtstehen, -sitzen und -gehen ist nur dann möglich, wenn *Beuger* und *Strecker* (Flexor – Extensor) miteinander und nicht gegeneinander arbeiten. Das heißt, daß in dem Augenblick, in dem sich ein Beugemuskel anspannt, sich der zugehörige Streckmuskel spontan – ohne zuckende Hemmbewegung – verlängert.

Dieses Zusammenspiel von Beuge- und Streckmuskel wirkt um einzelne Gelenke ebenso wie in den großen Segmenten des Körpers. Das Verhältnis von Vorder- und Rückseite ist wesentlich mitbestimmt von den Beugemuskeln der Vorderseite *(Rectus abdominis)* und den Streckmuskeln der Rückseite *(Erector spinae)*. Wir können das Idealbild dieses Wechselspiels sehr gut an zahlreichen altägyptischen Darstellungen sehen. Sobald der

Zeichnung nach einem Relief aus dem Grab des Cheruf (Verwalter der Königin Teje in Theben): Die Figur beugt sich nach vorne, ohne den Rücken zu verkürzen. Die Beuger der Körpervorderseite setzen ihren Bewegungsimpuls in Harmonie mit Streckung der Körperrückseite um.

Oberkörper nach vorne gebeugt wird, erscheint der Rücken in voller Länge. Es handelt sich dabei um eine »ideale« Bewegung, die Hüfte fungiert als Beugegelenk, der Oberkörper bleibt frei von unnötiger Krümmung. Rein äußerlich beugt sich die dargestellte Figur nach vorne, indem sie das Hüftgelenk adäquat benutzt. Für den Innenraum des Körpers bedeutet dies, daß kein unnötiger Druck auftritt. Die Beuger der Körpervorderseite setzen ihren Bewegungsimpuls in Harmonie mit Streckung der Körperrückseite um.

Wenden wir das Prinzip von Beuger und Strecker auf die »innere Statik« unseres Körpers an, so ergeben sich klare Konsequenzen für die *Wirbelsäule.* Die Wirbelsäule kann nur dann den richtigen Platz im Gesamtorganismus finden, wenn die Wechselwirkung von *Beugern* und *Streckern* ein Grundgleichgewicht gefunden hat.

Und das innere Gleichgewicht von Beugern und Streckern wird Konsequenzen für die äußeren Konturen des Körpers haben. Das Rolfing verfolgt dabei ein ganz bestimmtes ästhetisches

Ideal. Ida Rolf forderte, daß sich die Hautoberfläche nach der zehnten Sitzung so anfühlen solle, als hätte sie etwas von der Qualität der Seide. Diese Qualität der Oberfläche basiert auf dem gleichmäßigen Wechselspiel aller Gewebeschichten in der Tiefe des Organismus. Wir wollen also vermeiden, daß einzelne Schichten verhärtet oder erschlafft sind und wollen einen gleichmäßigen Tonus in allen Bereichen des Muskelsystems ermöglichen. Das heißt konkret: Der Nacken ist nicht härter als der Rücken, die Arme sind nicht härter als die Beine oder umgekehrt, oder allgemein: Die großen Muskeln fühlen sich genauso lebendig an wie die kleinen.

5. Relative Symmetrie beider Körperhälften

Rolfing steuert eine relative Symmetrie unserer beiden Körperhälften an. Die linke Seite unseres Körpers sollte, nachdem die Grundarbeit des Rolfings getan ist, in etwa so aussehen wie die rechte. Es handelt sich dabei um eine *relative Symmetrie.* Es ist sehr wichtig, darauf hinzuweisen, daß diese Symmetrie nur relativ ist. Sie ist natürlicherweise eingeschränkt durch den unterschiedlichen Aufbau im Inneren unserer Körperhälften, durch den unterschiedlichen Flüssigkeitsgehalt beider Seiten und vieles mehr. Sie ist aber auch eingeschränkt durch eine ganze Reihe von subjektiven Gegebenheiten. Jeder Mensch bringt eine Reihe von Elementen zu seiner ersten Rolfing-Sitzung mit. Diese Elemente lassen sich bis zu einem gewissen Maß verändern, letztlich will das Rolfing aber vor allem eine neue Kombination der Einzelelemente leisten. Die Grundrelationen unserer Körperelemente im Raum werden neu geordnet. Die Neuordnung strebt *Gleichgewicht* an. Dieses Gleichgewicht ist manchmal nur mit einem Schuß *Asymmetrie* beider Körperhälften zu erreichen. Das Gleichgewicht des ganzen Systems ist also wichtiger als die *Symmetrie* einzelner Segmente.

Für unsere Arbeit haben wir bestimmte Testlinien definiert. Diese Testlinien werden von jedem Rolfer in der zehnten Rolfing-Sitzung beobachtet. Sie zeigen uns, ob wir zwischen funktionell analogen Punkten beider Körperseiten horizontale Linien ziehen können.

Gehen wir den Körper von unten nach oben durch, so finden wir folgende Punkte: das Sprunggelenk, die Knie, die Hüften, die Schlüsselbeine, die Bißebene, die Linie der Augen. Diese Linien lassen sich ziehen, wenn wir den Körper von vorne betrachten. Ergänzend gibt es Linien, die von der Rückseite her sichtbar sind, wie die Hüftlinie über dem Kreuzbein (Sacrum) und die Linie über den Schulterblättern. Wir können diese Linien auch als anatomisch nicht vorgebildete Laien an jedem Menschen beobachten, sofern wir unserem Formempfinden etwas trauen und unseren Blick für räumliche Verteilung der Körperabschnitte im Raum schulen. (Vergl. Abb. S. 139)

Für den anatomisch geschulten Blick freilich stellen sich diese Linien als ein äußerst kompliziertes Zusammenwirken einzelner Formelemente dar. So muß beispielsweise schon die »Feineinstellung« der untersten Horizontallinie (Sprunggelenk) auf die bestmögliche Kombination aller drei Gewölbe des *Fußes* zurückgreifen. Der Fuß hat nämlich nicht nur seinen inneren Bogen, jene beim Plattfuß abgesunkene Aufwärtswölbung, er hat auch eine leichte Wölbung an seiner Außenseite und zudem noch eine Querwölbung im vorderen Teil. Ob diese Gewölbe gut ausgebildet sind, hängt mit der Stellung der vielen Knochen im Inneren des Fußes zusammen. Diese Stellung kommt nicht von ungefähr, und ist beeinflußbar vom Zustand der Wadenmuskulatur, der Qualität der Gelenkbänder, der Sehnen und der Plantarfaszie der Fußsohle.

Die Aufzählung von Wechselwirkungen ließe sich lange fortsetzen. Damit wären wir aber dennoch erst bei den Grundvoraussetzungen eines einzigen Gelenks angelangt. An dieser Stelle unserer Überlegung mag der kurze Hinweis genügen: Die Einstellung der horizontalen Linie im Körper verlangt vom Rolfer nicht nur persönliche Hingabe und Einfühlungsvermögen, sondern auch eine gute Portion Formsinn und Detailwissen.

7. *Gelassenheit der Bewegung als Prinzip*

Die Einstellung der horizontalen Linie führt uns zum nächsten Punkt unseres Arbeitsziels, zur Frage der *Bewegung*. Die adäquate Einstellung um die Gelenke, die Scharnierlinien im Körper, ist eine Voraussetzung dafür, daß die Bewegung optimal ablaufen kann. Aber das ist nur die Voraussetzung eines sehr viel schwieriger zu beschreibenden Ablaufs. Vieles, was die Theorie und Praxis des Rolfings bis heute bestimmt hat, basiert auf dem Trick der Vereinfachung. Wir betrachten den Körper so, als wäre er eine Statue, wir idealisieren und vereinfachen ihn und tun in manchen Augenblicken so, als ob der Körper stillstehen würde. Tatsächlich ist er ständig in kleine Bewegungsabfolgen verwickelt, und seien diese auch noch so subtil. Wenn wir über Struktur sprechen, so tun wir das gewissermaßen nur, um dem komplexen Phänomen »Bewegung« von einer einfacheren Seite her beizukommen. Sobald wir unsere erste Ebene, die Ebene der *statischen Strukturanalyse,* verlassen, wird nun alles ein bißchen schwieriger. Mehrere Beobachter desselben Bewegungsablaufes werden kaum zu übereinstimmenden beschreibenden Aussagen gelangen. Was also ist das Ziel des Rolfings in Hinblick auf Bewegung? Welche Form von Bewegung soll durch Rolfing ermöglicht und schließlich auch gelehrt werden? Sobald ein Mensch zahlreiche Rolfing-Sitzungen hinter sich hat, läßt sich eine Veränderung im Bewegungsablauf feststellen. Manchmal ist es nicht ganz einfach, mit Worten zu beschreiben, worauf diese Veränderung zurückzuführen ist. Ein Vergleich zwischen den Bewegungsformen mancher afrikanischer Kulturen und unseren westlichen Bewegungsmustern könnte dies deutlicher machen. In fast allen Kulturen, in denen Gegenstände auf dem Kopf getragen werden, zeigt sich eine *Bewegungsform,* die dem Ideal des

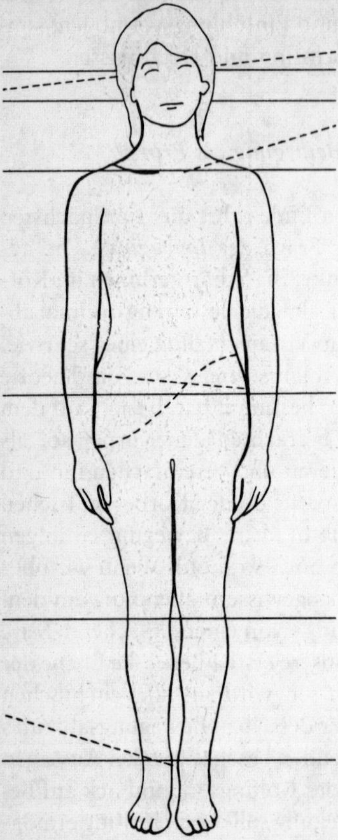

Dieses Foto wurde einige Wochen nach Abschluß der zehnten Rolfing-Sitzung gemacht. Die horizontalen Testlinien zeigen, wie weit der Organismus ins Lot gekommen ist. Auf dem Foto ist ein Grundgleichgewicht um die horizontalen Testlinien sichtbar. – Diese Form des Gleichgewichts

Rolfings ziemlich nahekommt: Es drückt sich etwas Fließendes und zugleich Ruhiges in der Bewegung aus. Ida Rolf behauptete, daß die Bewegung des gerolften Menschen langsamer aussieht.

Nehmen wir das Beispiel, daß jemand einen Krug auf dem Kopf trägt: Der Krug wird nur dann an seinem Ort bleiben, wenn die Bewegungsabläufe des Trägers ohne unnötige mechanische Erschütterungen ineinandergreifen, wenn die Bewegung

beinhaltet keine absolute Symmetrie: Die beiden Fußgelenke sind unterschiedlich strukturiert, die linke Beckenseite neigt sich im oberen Teil nach vorne, und der Schultergürtel versucht, mit unterschiedlicher Schlüsselbeinposition einen Ausgleich zwischen beiden Körperseiten zu gewährleisten.

in einem ruhigen Fließen abläuft. Jedes noch so kleine Stocken würde den Krug zur Seite oder nach vorne oder hinten fallen lassen.

Leider sehen wir in unserer Kultur sehr wenig von der Qualität dieser Bewegung. Die Ursache liegt vor allem in der Struktur des Beckens. Solange das Becken nicht horizontal steht, wird die Erschütterung, die durch das Auftreffen der Füße verursacht wird, zu ungleichmäßigen Reaktionen im Oberkörper führen. Der Mensch wird diese Ungleichmäßigkeit vielleicht mit Anspannung einzelner Schichten im Oberkörper korrigieren, er wird aber große Schwierigkeiten haben, den Bruch im Bewegungsfluß auszugleichen. Die Bewegung wird unbeholfen, die Vase auf dem Kopf stürzt auf den Boden. Gehen wir noch einmal zu unserem positiven Ausgangsbeispiel zurück. Was sind die Grundlagen dieser harmonischen Ausgeglichenheit im Gehen?

In Japan würde man uns antworten, daß die Bewegung aus dem *»Hara«* kommen müsse. Ein Judomeister oder Aikidomeister würde seine Bewegung aus jenem Punkt, zwei Finger breit unter dem Nabel, tief im Inneren des Beckens machen. In China bekämen wir eine ähnliche Antwort: Die Bewegung des *T'ai Chi* lehrt einen aufrechten, gelösten Formenablauf, der das Prinzip einer gleichmäßigen energetischen Öffnung des ganzen Menschen darstellt. Es geht also offenbar um den Zusammenhang des ganzen Organismus mit seinen Teilen. Um unsere Frage nochmals aufzugreifen: Wie soll dieser Zusammenhang aussehen? Gibt es klare »strukturelle« Kriterien, die uns mehr sagen als die bildliche Sprache östlicher Meister?

Gelassenheit und Anmut der Bewegung stellen sich dann ein, wenn der Mensch sein Gleichgewicht während des Bewegungsablaufs behält, wenn er seine innere Linie auch bei komplizierten Bewegungen bewahren kann, ohne krampfhaft um Balance zu kämpfen. Dies ist ohne weiteres dann möglich, wenn die Bewegung aus dem Zentrum *(»Hara«)* kommt. Das heißt, wenn die Bewegung zuerst von der tiefliegenden Muskulatur im Körper eingeleitet und in der äußeren Muskulatur aufgenommen wird. Die Muskeln im Inneren des Beckens, die vor unserer Wirbelsäule liegen, sind der Ausgangspunkt. Erst nachdem diese großen Muskelgruppen der Bewegung die Richtung gewiesen haben, folgen die Beine und Arme der bereits definierten Bewegung.

Das hier zugrunde liegende Prinzip läßt sich für das Gehen anatomisch begründen. Das Bein kann nur dann ohne Stockung nach vorne pendeln, wenn die tiefliegende Muskulatur des Bek-

T'ai Chi Ch'uan lehrt ruhige, fließende Bewegungen auf der Basis ausgeglichener Zentriertheit des Beckens.

kens an der Bewegung mitwirkt. Der *Psoas* erlaubt dem Oberschenkel, nach vorne zu kommen, und das Knie bewegt sich in einer Linie unter der Hüfte. Der mechanische Ablauf nimmt in den großen Muskeln seinen Anfang und setzt sich in den differenzierenden kleinen Muskeln fort, die Bewegung kommt vom Rumpf und übersetzt sich dann erst in Arme und Beine. Bewegungen dieser Art sind frei von unnötigem, äußeren Kraftaufwand.

Selbst wenn wir etwas Schweres heben, gilt die Grundregel: Die Wirbelsäule bleibt lang, wir lassen uns nicht zusammenstauchen. Wir heben nicht mit unseren Schultern oder unseren Armen. Die Schultern bleiben gelöst, sie übermitteln lediglich die Bewegung, die von den Beinen und dem Becken kommt, in unser »Werkzeug«, die Arme. Die Arme und die Hände werden in diesem Sinne zu einem gelösten Instrument, das die Impulse aus dem Inneren, die Impulse des eigentlichen Bewegungsmotors nur umsetzt oder ausführt.

Der Judomeister macht eine leichte Drehung mit dem *Hara-Punkt*, d. h., die Stellung seines Beckens ändert sich im Raum. Da er die drei Kontaktpunkte mit dem Gegner unverändert läßt, sieht sein Wurf mühelos und anmutig aus. Der *T'ai-Chi-Meister* weicht einem Schlag gegen seinen Arm durch ruhiges Nachgeben aus. Dabei folgt sein Arm der Bewegung der inneren Grundstatik des Organismus.

Bewegung ist in diesem Sinn als Spiel der Grundrelationen der einzelnen Körperabschnitte zu verstehen. Jede noch so geringfügige Veränderung um ein Gelenk bleibt in Verbindung mit dem ganzen Menschen. Ein *T'ai-Chi-Meister* soll einmal auf die Frage, wie man in seiner sanften Kunst des Nachgebens unbesiegbar würde, gesagt haben: »Du mußt von der Ferse her atmen.«

Er meinte damit möglicherweise etwas Ähnliches, wie es das Ideal des Rolfings beschreibt: daß der Organismus so durchlässig ist, daß die Atmung als minimale Hebung und Senkung des Fußgewölbes spürbar wird. Rolfing lehrt uns, daß beim Einatmen eine minimale Senkung des Fußgewölbes abläuft, daß sich diese Senkung beim Ausatmen wieder aufhebt.

Zweites Kapitel:

Das Konzept der zehn Sitzungen
oder:
Was geschieht in der Grundserie des Rolfings?

Jede Methode bedarf der klaren Grundlegung und der Weiterentwicklung. Allerdings ist auch die solideste Methode nicht gegen unqualifizierte Kopien und dilettantische Übertreibung geschützt. Die gelegentlich anzutreffenden Nachahmungsversuche des komplexen Rolfing-Systems haben zum Teil nur sehr wenig mit dem zu tun, was Ida Rolf praktizierte und ihre Schüler lehrte. »Jeder kann einen Menschen auseinandernehmen, man braucht aber einen Rolfer, um ihn wieder zusammenzusetzen«, pflegte sie zu sagen. Dieser Ausspruch spielt auf das Konzept der Rolfing-Sitzungen an. Der Kern dieses Konzepts liegt in dem gleichermaßen vorsichtigen und tiefgreifenden Versuch, dem Körper eine neue Ordnung zu geben, ihn neu zusammenzusetzen. – Wie läßt sich das mit den bloßen Händen eines Rolfers erreichen?

Die Arbeit des Rolfers erfordert »innere« Stärke, ebenso wie Sensitivität und vor allem die Fähigkeit zum Dialog. Er wird die erste Sitzung damit beginnen, daß er die Geschichte seines Klienten gemeinsam mit diesem bespricht. Am Anfang der Grundserie steht also eine Fragestunde. Was waren die entscheidenden Erlebnisse, die diesen Menschen geformt haben? Wie lebt und erlebt er seinen Körper? Welche äußeren Einflüsse haben sein äußeres Erscheinungsbild geprägt?

Wie wir bereits erwähnt haben, speichert das Bindegewebe sehr viel von der Geschichte eines Menschen. Bestimmte »falsche« (d. h. belastende und unökonomische) Bewegungsmuster zeichnen sich im Gewebe genauso ab wie mechanische Einwirkungen, die von außen auf den Organismus wirkten. Falls der Rolfer gute Augen hat, wird er lange zurückliegende Knochenbrüche und verstauchte Gelenke erkennen. Er vertraut zu Beginn der Arbeit sehr viel mehr auf seine Augen als auf seine Hände. Er wird die Fragestunde individuell gestalten, um zu klären, was die wesentlichen Einflüsse im Leben des Klienten waren. Und er wird auch nicht außer acht lassen, wie dieser Mensch jetzt lebt, wie er seinen Körper erlebt und weiter erleben will.

Sobald der Rolfer mit der praktischen Arbeit beginnt, wird er überprüfen, ob sein optischer Eindruck richtig ist. Er wird möglicherweise entdecken, daß ganz andere Elemente die persönliche Struktur seines Klienten formen, als er ursprünglich dachte. Seine vorsichtig tastenden Hände werden unter leichtestem Druck die Nahtstellen zwischen einzelnen Muskelgruppen suchen, an denen sich das Fasziennetz nicht mehr gleitend verschieben läßt, an denen sich Sehnen wie Knorpel anfühlen oder an denen sich zwischen Haut und Muskulatur eine wäßrige Zwischenschicht gebildet hat. Und er wird die Selbstwahrnehmung des Klienten als Kompaß seiner Reise verwenden, um spürbar zu machen, was unter der eigentümlichen Berührung seiner Hände geschieht. – »Fühlt sich das eine Bein jetzt länger an? – Ist das andere Bein schwerer? – Liegt der Rücken links fester auf als rechts?« – Diese Fragen sollen dem Klienten helfen, seine körperliche Selbstwahrnehmung zu schulen, sie sollen gewährleisten, daß er bewußt an der Sitzung teilnimmt.

Es geht bei der Arbeit, wie sie in den zehn Standardsitzungen des Rolfings gemacht wird, also nicht darum, einen teilnahmslosen Menschen mit Gewalt geradezubiegen, und es geht erst recht nicht darum, dafür zu sorgen, daß jeder von uns genauso aussieht wie der andere. Es geht vielmehr darum, einen individuellen Weg für jeden Menschen zu finden, der es ihm ermöglicht, den optimalen Gebrauch seines Körpers zu erlernen.

Aber warum soll dieser Weg mit Hilfe von zehn Sitzungen beschritten werden? Wir hören immer wieder die Frage: »Warum

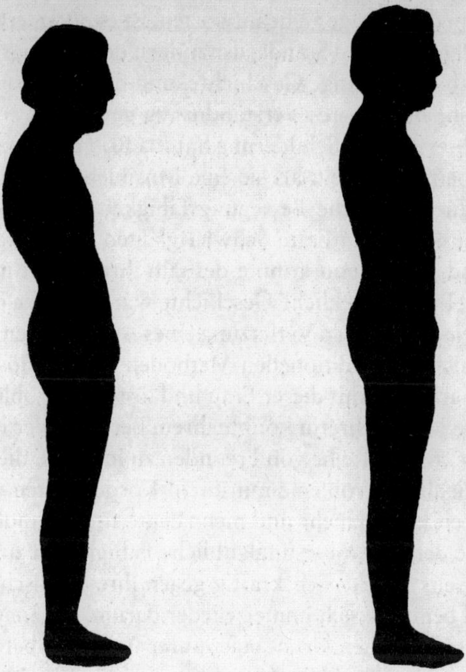

Das »Rezept« des Rolfings, die Serie von zehn Sitzungen, will dem Menschen eine Neuordnung der *Körperstruktur* ermöglichen. Diese Neuordnung ist – wie auf obigem Bild – zuweilen mit drastischem äußerem Wandel verbunden. Ein Rolfer würde das mit anatomisch-strukturellen Gesichtspunkten benennen: Die Übergangsstellen in der Rückenkurve sind fließender geworden, die statische Relation von Becken und Bein ist neu geordnet. Der Mensch steht aufrechter. Ein Rolfer könnte eine ganze Reihe von Detailbeobachtungen hinzufügen: Das Fersenbein *(Calcaneus)* ist nach den Rolfing-Sitzungen weiter nach hinten gekommen und bietet eine bessere Grundlage für fließendes Gehen, die Verbindung von Nacken und Kopf *(Axis-Atlas-Cranium-Übergang)* ist flexibler. Dies alles bezieht sich allerdings nur auf äußerlich sichtbare Veränderungen. Der abgebildete Mann erlebte die Folge von zehn Rolfing-Sitzungen aus einer ganz anderen, einer inneren Perspektive: Für ihn ging es nicht so sehr um den Bau des Körpers, er konzentrierte sich darauf, wie sich sein Empfindungsvermögen und seine Erlebniswelt wandelten.

macht ihr mit allen Menschen dieselben zehn Sitzungen Rolfing?« Um diese Frage zu beantworten, ist es nötig, etwas weiter auszuholen. Die zehn Standardsitzungen des Rolfings, das »Rezept«, haben eine lange Geschichte, und diese Geschichte kann uns helfen, ein besseres Verständnis zu gewinnen.

Laut ihrer eigenen Schilderung hat Ida Rolf die ersten Ansätze ihrer Arbeit entwickelt, als sie eine Musiklehrerin unterstützen wollte, ihre natürliche Bewegungsfähigkeit wiederzuerlangen. Diese Musiklehrerin hatte Schwierigkeiten im Gebrauch ihrer Arme und Hände und konnte deshalb ihren Beruf nicht mehr ausüben. Die unglückliche Geschichte war die Folge eines Sturzes und einer schweren Verletzung eines Armes, deren Nachwirkungen sich mit traditionellen Methoden nicht auflösen ließen. Ida Rolf arbeitete mit dieser Frau und löste das Problem erfolgreich. Die Musiklehrerin konnte ihrem Beruf wieder nachgehen und schickte eine Reihe von Freunden zu Ida Rolf, die ihrerseits unterschiedliche Probleme mit ihrem Körper hatten. Innerhalb kurzer Zeit kamen mehr und mehr Leute zur Behandlung. Bald genoß sie den Ruf, über unglaubliche Fähigkeiten zu verfügen. Sie ihrerseits wehrte sich kräftig gegen ihre mystische Reputation und bemühte sich immer wieder darum, die anatomischen und physiologischen Grundlagen ihrer Arbeit zu betonen. Obwohl sie noch nicht über eine genaue Sprache verfügte, um das zu beschreiben, was sie mit ihren Händen machte, war sie davon überzeugt, daß sich Integrationsvorgänge im menschlichen Organismus klar darstellen lassen, daß viele Strukturprobleme einfach mechanischer Natur sind und daß diese sich deshalb auf mehr oder weniger mechanischer Grundlage angehen lassen. Es war dies die erste Phase ihrer Arbeit. In dieser Zeit arbeitete sie hauptsächlich im Grenzgebiet der Medizin und konzentrierte sich auf Menschen, deren Probleme mit traditionellen Methoden nicht lösbar waren.

Die zweite Phase ihrer Arbeit wurde dadurch eingeleitet, daß sie ihre Arbeit an andere weitergeben wollte. Sie begann zunächst mit einigen wenigen Schülern und gründete schließlich eine Berufsorganisation mit geregeltem Ausbildungsgang. Dieser Schritt wäre wohl niemals möglich gewesen, hätte nicht Fritz Perls, der Begründer der Gestalttherapie, so engagiert für Rolfing gesprochen. Er war überzeugt, daß Ida Rolf über den Weg des Körpers sehr ähnlich mit der ganzen Person umging wie er über die Seele des Menschen mit seiner Art der Gestalttherapie. Perls hatte sich selbst »rolfen« lassen und nannte Ida Rolf gerne Mrs. Elbow, als Anspielung auf die Manipulationen, die sie mit dem Ellbogen ausführte. Er holte Ida Rolf schließlich nach Esalen[11] und ermöglichte damit, daß ihre Arbeit aus der Ecke eines kleinen Kreises ans Licht der öffentlichen Diskussion zwischen Therapeuten und Pädagogen gerückt wurde. Es handelte sich, wie schon erwähnt, um die zweite Phase des Rolfings: Die Arbeit konzentrierte sich nun darauf, die Körperstruktur des Menschen zu verbessern. Es ist nicht mehr ein quasi medizinischer, sondern ein pädagogischer Ansatz. Das heißt, daß das Rolfing nicht damit beschäftigt ist, einzelne Symptome zu kurieren, sondern um eine allgemeine Neuordnung des Körperbaus bemüht ist. Es geht darum, neue Bewegungsmuster zu lehren, so daß die neue Struktur in Wechselwirkung mit neuen funktionellen Möglichkeiten steht. Diese Aussage klingt reichlich abstrakt, und der Leser mag fragen, was all dies mit dem Konzept der zehn Sitzungen zu tun hat. Warum ist die Grundserie auf nur zehn Sitzungen beschränkt? Oder – um die bereits gestellte Frage nochmals aufzugreifen, warum macht der Rolfer diese zehn Sitzungen mit allen Klienten? Wir müssen bei der Beantwortung dieser Fragen zwischen dem allgemeinen Konzept und der praktischen Ausführung der Sitzung unterscheiden. Das allgemeine Konzept der einzelnen Sitzungen läßt sich auf fast jeden Menschen anwenden, weil jeder menschliche Organismus nach bestimmten anatomischen Strukturprinzipien gebaut ist. – Die praktische Ausführung sieht bei jedem Menschen anders aus.

Es gibt keine Standardgriffe im Rolfing, es gibt kein »man drücke in dieser Sitzung hier und in jener Sitzung dort«. Jede Berührung, jede Bewegungsführung ist jeweils aus genauer Beobachtung zu entwickeln, hat ihren Sinn im Bezug auf *einen* Menschen. Das ist der Grund, weshalb der Rolfer seinen Klienten zu

Beginn der Sitzung sehr genau beobachtet und ihn auch immer wieder während der Sitzung aufstehen und im Raum hin- und hergehen läßt. Und es ist auch der Grund dafür, weshalb die Art der Berührung, die beim Rolfing Verwendung findet, so unterschiedlich ist. Manchmal ist subtile, gleitende Berührung erforderlich, manchmal äußerst intensiver Druck: Jeder Mensch hat seine eigenen Reaktionsweisen und reagiert somit in seiner eigenen Weise auf Berührungen. Es ist eine immer neue Herausforderung an den Rolfer, diese Eigenheit zu erspüren. Denn nur dann, wenn die dem Individuum adäquate Berührung gefunden ist, werden sich die körperlichen Strukturen wandeln.

Die Fragestellung dieses Kapitels läßt sich also gar nicht allgemein beantworten. Würde ein Beobachter den Arbeitstag eines Rolfers begleiten, so würde er gar nicht auf die Idee kommen, daß diese unterschiedlichen Sitzungen ein und denselben Namen tragen, »Rolfing«. Das, was der Rolfer zusammen mit den einzelnen Klienten macht, sieht von außen betrachtet sehr verschieden aus. Und es wird zudem innerlich sehr unterschiedlich erlebt. Jeder Klient hat einen anderen Eindruck von dem, was in den Sitzungen geschieht und wie er sich in den Tagen nach den Sitzungen fühlt.

Nun gibt es aber trotzdem das schon mehrmals angesprochene »Konzept«. Dieses Konzept schreibt für die einzelnen Sitzungen ein strukturelles und funktionelles Thema vor. Betrachten wir beispielsweise die erste Sitzung, deren strukturelles Thema lautet: Der Oberkörper und das Becken sind voneinander abzuheben, so daß mehr Raum zwischen dem Brustkorb und den Hüften entsteht. Das funktionelle Thema lautet: Die Atmungsbewegung ist freier zu gestalten, der Atem soll frei und gelöst im ganzen Körper spürbar werden. Wie lassen sich strukturelles und funktionelles Thema praktisch miteinander vereinbaren?

Der Rolfer kann damit beginnen, dem Brustkorb eine neue Flexibilität zu geben, er wird beobachten, wie der Klient im Sitzen, Stehen und Gehen atmet. Er wird sehen, wie der Klient auf Berührung reagiert, und er wird schließlich versuchen, in einen

Dialog mit dem natürlichen Rhythmus des Atems zu treten. Es handelt sich dabei nicht um Kontrolle oder Forcierung des Atems. Wir wollen ohne Kontrolle den Raum für eine ungehinderte Atmungsbewegung schaffen und darauf achten, daß sich die Atmungsbewegung von selbst neu reguliert.[12] Hierzu sind drei Schritte erforderlich: Brustkorb und Becken müssen als klar voneinander getrennte Einheiten »definiert« werden, die großen Faszienschichten[13] des Rumpfes müssen etwas von ihrer natürlichen Gleit- und Spannfähigkeit erhalten, und das Zwerchfell muß so viel Raum finden, daß es die zur freien Atmung nötige Bewegung ausführen kann.

Die *erste Rolfing-Sitzung* hat bisweilen etwas von einer nachhaltigen Erschütterung. Die Art, wie wir uns unbewußt halten und kontrollieren, wird ein klein wenig durcheinandergebracht, und deshalb ist es sinnvoll, die zweite Sitzung schon bald folgen zu lassen.

In der *zweiten Sitzung* geht es nämlich in erster Linie darum, wie wir auf dem Boden stehen, wie die Gelenke unserer Füße und Beine arbeiten. Und es geht auch darum, die Relation zwischen den Beinen und dem Rücken zu ordnen. Und so merkwürdig es auch klingen mag, für einen Rolfer haben die meisten Strukturprobleme des Rückens gar nichts mit dem Rücken zu tun. Der Rücken reagiert lediglich mit Verschiebung und Verspannung auf Strukturschwächen, die im Fundament des Körpers, in den Füßen, den Beinen, dem Becken, zu finden sind. Wer die Arbeit an den Füßen, an den Beinen und vor allem am Rücken erfährt, dem wird deutlich werden, daß die Art und Weise, wie die einzelnen Sitzungen aufeinanderfolgen, eine gewisse Schlüssigkeit beinhaltet. Die Arbeit an den Füßen, mit all ihren Reflexen, setzt voraus, daß wir frei atmen können. Die zweite Rolfing-Sitzung basiert also mit einer gewissen Logik auf dem, was in der ersten Rolfing-Sitzung erreicht werden sollte, nämlich einer erweiterten Fähigkeit, zu atmen. Der Rolfer wird sich nun fragen, was es für den Rücken bedeutet, wenn ein Bein kürzer zu sein scheint als das andere, wenn ein Bein fast gerade ist und das andere ein X-Bein, wenn ein Mensch Plattfüße oder ein hochgezogenes Fußgewölbe hat. Er wird sich gleichzeitig fragen, ob die Struktur der Beine eine Art Wachstumshemmung zeigt (habe ich die Beine eines Vierjährigen, die flachen Füße eines Babys?) oder ob die Beine Schwierigkeiten des Rückens ausgleichen (kompensatorische Strukturschwäche).

Die Kette der Beispiele ließe sich beliebig fortsetzen. Der Leser wird im vierten Kapitel Genaueres zu diesem Thema erfahren. Die wenigen Hinweise sollen genügen, um nochmals auf das Prinzip dieser Arbeit hinzuweisen: Es geht um einen individuellen Lösungsversuch für jeden einzelnen, geradeso wie wir individuell sehr verschiedene Füße und Beine haben, wie unser Körper Ausdruck unserer persönlichen Geschichte ist.

Unsere *Füße* sind in ihrem Aufbau so komplex, daß nur ein langsames, Schritt für Schritt vorwärts schreitendes Arbeitsverfahren zu einem Wandel führen kann. Das Gewölbe unserer Füße würde zusammenbrechen, wenn es nicht von relativ starken Sehnen und Muskeln und Bändern des unteren Beines gehalten würde. In einer gewissen Weise kann man sagen, daß das Fußgewölbe nur durch die Aktivität unserer Beine, durch unsere Fähigkeit zu gehen lebt. Dies steht in Einklang mit dem Faktum unserer Entwicklung während der Kindheit. Das Fußgewölbe entwickelt sich tatsächlich erst durch unsere Aktivität beim Gehenlernen. Es ist also nicht von vornherein gegeben, das Fußgewölbe entwickelt sich durch den praktischen Gebrauch.

Die zweite Sitzung des Rolfings kann nur ein Anfang sein, um das Verhältnis von Beinstruktur und Rückenstruktur neu zu ordnen. Dies hat damit zu tun, daß unsere Füße nicht nur ein in sich geschlossenes, äußerst komplexes »architektonisches« Gebilde sind, es hat damit zu tun, daß die Füße und Beine eine wesentliche Schaltstelle für Becken und Rücken sind. Als statische Grundschaltung des Rückens lassen sich die Füße und die Beine deshalb bezeichnen, weil unser Rücken und unser Oberkörper auf jeden Schritt so reagieren, wie die Füße und Beine diesen mechanischen Ablauf nach oben weitergeben. Die Füße »schalten« die Impulse, die von jeder Bewegung ausgehen, in unseren Gesamtorganismus. Sie sind gewissermaßen die ausführenden Instrumente der Schwerkraft, sie formen in ihrer adäquaten oder inadäquaten Aktivität unseren Körper. Wir müssen uns nur praktisch vorstellen, was eine starke Strukturschwäche im Fußgewölbe für den Rest des Organismus bedeutet. Ein zusammengesunkenes Fußgewölbe kann dem Organismus beim Gehen nicht die Federung geben, die nötig ist, um die Integrität der Gesamtform zu wahren. Wir werden mit einem Plattfuß hart auf dem Boden aufsetzen. Wir werden mit einem zu hoch gezogenen Fußgewölbe mit krampfhaft verkürzten Füßen nur wenig Kontakt mit dem Boden herstellen können. Und die großen Schichten an der Rückseite unserer Beine werden das mechanische Geschehen unseres Unterkörpers in den Rücken weitergeben. Wir sehen also, daß die Füße aus ihrem Gebrauch leben. Daß sie nicht nur architektonische Elemente unseres Organismus sind, sondern ein Instrument, das den Gesamtaufbau dieses Organismus funktionell am Leben hält bzw. ihm Schaden zufügen kann. Wir sehen auch, weshalb die zweite Sitzung nur ein Anfang sein kann, um das Verhältnis von Beinstruktur und Rückenstruktur neu zu ordnen. Die Struktur der Füße und Beine und die Wechselwirkung mit dem Rücken haben nicht nur mit Statik zu tun, sie berühren sich mit der Dynamik der Bewegung. Es handelt sich um ein komplexes Thema, das in den späteren Sitzungen wiederholt aufgegriffen wird.

In der *dritten Sitzung* wird die in der ersten Sitzung begonnene Arbeit fortgesetzt, also wieder: Arbeit am Atmungsmuster. Der Rolfer will uns nun von unseren Seiten her zusammenfügen, und er will uns zu einer Art Zwischenbilanz führen. Die ersten drei Sitzungen sind die Einleitung des Rolfings, vielleicht wird uns der Rolfer fragen, ob wir auf diesem Weg weitergehen wollen, ob Rolfing ein Weg ist, den wir wählen. Jeder weiß nach dieser dritten Sitzung, in welche Richtung diese Arbeit führt, und jeder hat Gelegenheit, noch einmal nachzudenken, ob er zusammen mit seinem Rolfer weitergehen will.

Der weitere Abschnitt, die *Sitzungen vier bis sieben*, führt uns schließlich mehr und mehr in die innere Konstruktion des Kör-

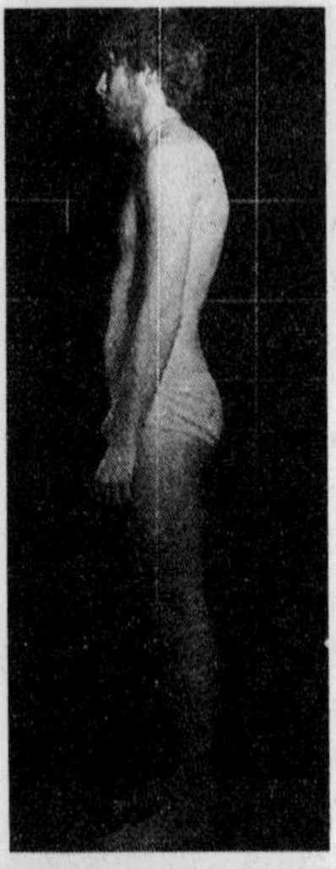

Nebenstehende Bilder veranschaulichen, in welche Richtung die Sitzungen eins bis sieben führen: Der abgebildete junge Mann zeigt nach der siebten Sitzung weniger Krümmung im Lendenwirbel- und Brustwirbelbereich. Die Vorderseite seines Brustkorbs ist fülliger geworden und nicht mehr so eingefallen wie vor Beginn der Rolfing-Sitzungen. Er hat eine aufrechtere Struktur gefunden. Das neue Aufrechtsein hat aber noch etwas Unnatürliches, es wirkt nicht stabil und harmonisch. Wir sehen, daß die siebte Sitzung eine Übergangsphase des Rolfings darstellt. Die strukturellen Grundthemen des abgebildeten Menschen sind im Lauf von sieben Stunden zum Anklang gekommen. Und er konnte schrittweise mit seinem Organismus vertrauter werden. Es mangelt ihm aber noch an jener strukturellen Ausgewogenheit, die eine positive Weiterentwicklung ermöglicht. Die folgenden Sitzungen acht, neun und zehn dienen dazu, die neuentdeckten Strukturen zu stabilisieren und zu »integrieren«.

(Für das Überlassen der Fotos danke ich meinem Kollegen Siegfried Libich, Wiesbaden.)

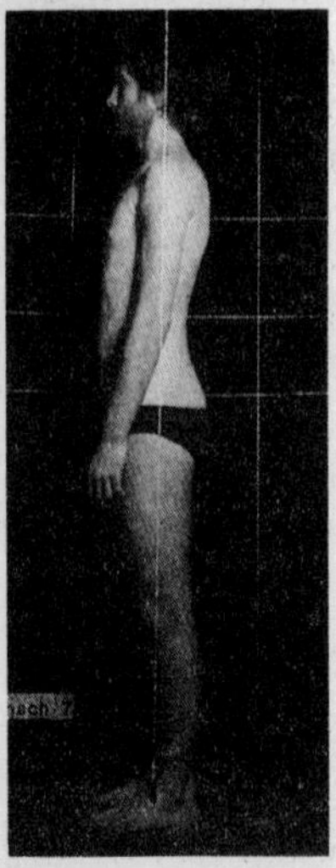

pers. Es würde den Rahmen dieses Buches sprengen, auf diese Sitzungen im einzelnen einzugehen.

Die einzelnen Sitzungen werden immer wieder angefangene Themen aufgreifen, an vorhergehende Sitzungen anschließen und alle Abschnitte des Körpers einbeziehen. So wird beispielsweise in den meisten Sitzungen am Nacken gearbeitet, meist auch am Rücken und fast immer das Becken am Schluß wieder auf seine Idealposition eingestellt.

Die *siebte Sitzung* markiert einen vorläufigen Endpunkt der Reise durch den Körper. Wir haben uns von der Ferse bis zum Scheitel genauer kennengelernt, die strukturellen Grundthemen unseres Körpers, unserer Person sind nun alle »gespielt« oder wenigstens zum Anklang gekommen. Wir haben vielleicht bemerkt, daß es Schichten gibt, in denen unser Körper sehr nachgiebig und aufnahmebereit ist. Zudem haben wir beobachtet, daß es unnachgiebige Schichten gibt, daß einzelne Ecken unseres Körpers einfach verrückt spielen, daß alles, was wir mit unserem Bewußtsein tun wollen, um da etwas mehr Leben hinzubringen, scheitert. Und vielleicht haben wir auch gesehen, daß jede Öffnung zu einem positiven Erlebnis nicht losgelöst von unserer körperlichen »Substanz« erlebt werden kann.

Es geht nun in den verbleibenden *Sitzungen acht, neun und zehn* um etwas anderes. Es geht darum, die neugewonnenen Strukturen so zu harmonisieren und zu integrieren, daß der eingeleitete Wandel dauerhaft ist oder positiv weiterwächst. Die Sitzungen acht bis zehn zielen also in erster Linie darauf ab, der neuen Struktur Stabilität zu geben.

Zuweilen sind in den ersten drei Sitzungen nur die Oberflächenschichten des Körpers zugänglich, die unter der Haut verlaufende *Oberflächenfaszie*. Doch schon die »drastische« Veränderung dieser Oberflächenschichten kann weit in den Organismus nach innen wirken: Das komplexe System der Faszien macht es möglich, von der Oberfläche in die Tiefe zu wirken und umgekehrt. Ida Rolf hat gerne eine Frucht gewählt, eine Orange oder eine Zwiebel, um dieses Schichtenmodell zu verdeutlichen.

Der Ablauf der zehn Sitzungen möchte dieser geschichteten Realität gerecht werden. Manchmal sind die ersten drei Sitzungen nur eine Art Einführung, die Sitzungen vier bis sieben die Durchführung und die Sitzungen acht bis zehn der zusammenfassende Abschluß.

Der Wandel, auf den es ankommt, ist nicht an einer einzelnen Schicht, an einem einzelnen Gelenk (der Stellung einzelner Knochen) oder an einer einzelnen Muskelgruppe festzumachen. Vielmehr kommt es darauf an, daß sich im Laufe der zehn Sitzungen alle Elemente des Körpers in ihrer strukturellen Wechselbeziehung neu ordnen, daß die Schwerkraft zu einem Freund des Menschen wird, anstatt ihn Jahr für Jahr mehr zu verbiegen und zusammenzuschieben. Wir werden im Abschnitt über das Altern des Menschen noch einige Fragen zu diesem Aspekt stellen.

Es dauert in der Regel vier bis sechs Monate, bis die Wirkung der zehn Sitzungen vom Körper voll integriert ist.[14] Während dieses Zeitraums zeigen sich manchmal neue Impulse in der Entwicklung der Persönlichkeit. Ein Rolfer wird den neugierigen Fragen der Psychologen antworten: Es kann nicht schlecht für das Gefühlsleben und das Denkvermögen eines Menschen sein, wenn er freier atmen, aufrechter stehen und gelöster gehen kann als vor Beginn der zehn Sitzungen des Rolfings.

Es bleibt die Frage, wie sich all das praktisch erreichen läßt. Wir haben darauf bereits einige theoretische Antworten gefunden: Wir konnten sehen, daß das Bindegewebe ein differenziertes »Hüllen- und Stützsystem« bildet, das als umgreifende Ordnungsinstanz die räumliche Anordnung unserer Körperabschnitte gewährleistet. Und wir hörten von Ida Rolfs Annahme, daß das Bindegewebe stark auf mechanische Energie reagiert, daß es sich »formen«, d. h. in seiner Struktur verändern läßt.

Wie aber ist der positive Formungsprozeß praktisch machbar? Wir müssen an dieser Stelle die für den Leser möglicherweise enttäuschende Antwort geben, daß manches, was in einer Rolfing-Sitzung geschieht, auf praktischer Erfahrung beruht und nicht lückenlos erklärbar ist. Die Art »Manipulation«, wie wir sie beim Rolfing anwenden, eignet sich deshalb nicht für Heimexperimente.

Zu diesem Thema fällt mir die Geschichte ein, die mir ein Kollege übermittelt hat: Er arbeitete mit einem Mann, der Vater von sieben Kindern war. Nach einigen Rolfing-Sitzungen erkundigte er sich nach dem Befinden des Klienten und erhielt die Antwort, daß es ihm gutgehe, er aber mit seinen Kindern Schwierigkeiten habe. Er könne ihnen nämlich den Kopf noch nicht ganz so hinrichten, wie es sich gehört. Der gute Mann hatte offenbar versucht, genau das, was ein Rolfer mit ihm machte, mit seinen Kindern »nachzumachen«. Eine derartige Aktion beruht auf einem verhängnisvollen Mißverständnis. Das, was in der einzelnen Sitzung geschieht, ist – wie wir bereits sehen konnten – keine Serie von Griffen. Es ist kein Schema. Jeder Mensch bedarf einer ganz persönlichen Arbeit, und dies nicht nur aus psychologischen Gründen, sondern auch deshalb, weil das Bindegewebe sehr viel weniger regulär verläuft als beispielsweise die Muskulatur. Es gibt nicht nur unterschiedliche Charaktertypen, es gibt auch unterschiedliche Gewebetypen. Und damit sind wir nochmals bei der praktischen Frage: »Wie wird's gemacht, was geschieht in einer Rolfing-Sitzung?«

Ein Betrachter könnte beobachten, wie der Rolfer seine Hände unter den Rücken legt. Der Klient liegt meist auf dem Rücken, also nicht in der Bauchlage wie bei den meisten Formen von *Massage*. Der Betrachter würde darüber hinaus fast nichts sehen, denn die Hände des Rolfers bewegen sich nur wenig. Es sieht so aus, als würde diese Berührung auf etwas warten. Dann plötzlich ist eine ganz andere Form der Berührung sichtbar: Der Rolfer hält einen Fuß des Klienten und fordert diesen zu subtilen Bewegungen auf. Langsam entwickelt sich ein Dialog zwischen beiden. Wir können beobachten, daß der Rolfer seine Hände so einsetzt, als würde er nicht nur tasten, sondern als würde er auf irgend etwas hören, indem er die Hände ganz auf den Menschen einstellt, mit dem er arbeitet. Der Betrachter sieht, daß der Klient durch unterschiedliche innere Reaktionen geht. Manchmal intensiviert sich der Atem des Klienten für einige Zeit, dann kehrt wieder eine fast schlafähnliche Ruhe ein. Der Rolfer scheint in diesen Phasen seine Hände sehr unterschiedlich zu gebrauchen, so als würde er versuchen, den Klienten immer dahin zu begleiten, wohin er selbst geht. Er arbeitet also offenbar mit einer ständigen Differenzierung der Berührung.

Und dann kann der Beobachter noch sehen, daß ein Teil der Arbeit im Bereich des Rückens im Sitzen gemacht wird. Wieder bestätigt sich der Eindruck der aktiven Teilnahme auf seiten des Klienten. Während der Rolfer eine bestimmte Schicht des Rükkens hält, verlagert der Klient sein Gewicht so in die Füße, daß er eine Verbindung zu der Stelle im Rücken herstellt. Der Rolfer fordert ihn auf, seinem Atem zuzusehen, ihn nicht zu verändern. Nach einiger Zeit fordert er ihn auf, mit dem Atem Bewegung in die Kontaktstelle am Rücken zu bringen. Dies alles sieht sehr eigentümlich aus. Zwei Menschen versuchen gemeinsam, eine Neuordnung des Organismus aufzubauen.

Wir könnten viele Sitzungen dieser Art beobachten und würden immer wieder feststellen, daß jede dieser Sitzungen nach anderen Gesichtspunkten gestaltet ist. Jeder Mensch hat in seinem Organismus Aspekte, die eine spezifische Berührung erfordern. Jede Gewebeschicht will auf eine bestimmte Art beeinflußt werden. Ein bißchen zuviel Druck mag manchmal das *Fasziensystem* nur zu nachhaltiger Anspannung führen, ein bißchen zuwenig bewirkt vielleicht gar nichts. Rolfing ist die Kunst, den Körper in seiner räumlichen Anordnung schrittweise zu verändern. Das Instrument der Veränderung ist die differenzierende Berührung. In diesem Sinn ist das Wort von der sanft-intensiven Bildhauerei mit dem lebendigen Menschen zu verstehen.

Damit sind wir bei der Antwort auf unsere Frage dieses Abschnitts angelangt. Die Arbeit ist so eigentümlich, daß sie sich von einem außenstehenden Beobachter nur bis zu einem gewissen Grad beschreiben läßt. Der Beobachter kann sehen, welche Körperabschnitte der Rolfer mit seinen Händen berührt, kann aber nicht sehen, wie die Kontaktstelle mit tieferen Schichten des Organismus verbunden ist. Und er kann auch das »Wie« der Berührung nur unvollkommen an Atmungsreaktionen des Klienten erkennen. Die eigentliche Qualität der Berührung, die Wandlung beispielsweise der Empfindung des *Atems,* kann nur von »innen her« erlebt werden, also dann, wenn wir uns selbst auf den Tisch legen, um uns dieser Erfahrung zu unterziehen. Es gibt beim Rolfing kein absolutes Expertentum »von außen«. Wir können mit einem geschulten Auge erkennen, daß ein Knie anders im Verhältnis zur Hüfte steht, wir können beobachten, daß ein Hohlkreuz von seiner chronischen Krümmung verliert, aber wir können von unserem »objektivistischen« Standpunkt her gar nichts darüber sagen, wie der Mensch diesen Wandel innerlich vollzieht.

Wir brauchen also die Bereitschaft des Klienten, seine eigene Freiheit zuzulassen, sobald wir ein paar überflüssige Sicherheitsnadeln aus seinem Fasziensystem entfernt haben.[15]

Drittes Kapitel:

Der Unterschied zwischen Körperhaltung und Körperstruktur

Wie halten wir uns? – Was strukturiert uns?

Bei der Beobachtung der Fotos, die wir vor und nach der Serie von Rolfing-Sitzungen machen, ergibt sich immer wieder die enttäuschende Erfahrung, daß der mit den Prinzipien unserer Arbeit nicht vertraute Beobachter die Bilder mit einem geringschätzigen Blick abtut und meint: Der hat sich doch nur anders hingestellt.

Während das geschulte Auge des Rolfers eine ganze Reihe von Wandlungen erkennt, meint der Laie, daß es sich bei den sichtbaren Veränderungen nur um eine Täuschung handelt, weil sich der auf den Fotos abgebildete Mensch ein bißchen anders hält. In diesem skeptischen Kommentar des Betrachters drückt sich eine Problematik aus, die nur gelöst werden kann, wenn man sich die Grundlagen der inneren und äußeren Form unseres Körpers vor Augen hält. Das, was wir auf dem Bild eines mehr oder weniger aufrecht stehenden Menschen sehen, sind nämlich zwei verschiedene Ordnungssysteme, das System der Haltung und das System der Struktur.

Die *Körperhaltung* wandelt sich ständig unter *seelischen Einflüssen*. Wir sitzen, stehen und gehen anders, wenn wir gut aufgelegt oder bedrückt sind. Die Art, wie wir uns »halten«, ist abhängig von Stimmungsschwankungen und auch davon, ob wir uns lebendig oder müde fühlen. Und außerdem spielt eine große

Rolle, was wir als Haltung gelernt, was wir von Vorbildern übernommen haben. Es fällt immer wieder auf, daß Kinder in einer bestimmten Lebensphase Gesten und Bewegungsabläufe von Erwachsenen übernehmen. Besonders die engeren Bezugspersonen innerhalb der Familie spielen hierbei eine große Rolle.

Ich erinnere mich, daß ich als Vierjähriger meinen Großvater beobachtete, wie er die Treppe hinunterging. Der Großvater war zu dieser Zeit mein wichtigster Protagonist der Männlichkeit, und mir fiel auf, daß er im Gegensatz zu meiner Mutter und meinen Schwestern die Füße stark nach außen gedreht hatte. Ich wollte das auch probieren und übte fleißig, mit nach außen gestellten Füßen zu gehen. Es war mir dabei so, als würde diese Art zu gehen eben die männliche Art sein, und es schien mir nur recht und billig, dieses Muster einzuüben. Ich nahm also für einen bestimmten Bewegungsablauf eine *»Haltung«* ein, die sich mehr und mehr verfestigte.

Schon hier können wir sagen, daß eine festgefügte Haltung, ein Muster, das gewohnheitsmäßig angenommen ist, eines Tages in das übergeht, was wir Struktur nennen. Oder wie man es auch formulieren könnte, immer wiederkehrende Haltungen manifestieren sich schließlich in stabilen strukturellen Mustern.

Aber kehren wir nochmals zu unserem ersten Stichwort, zur »Haltung« zurück. Von Psychologen wird immer wieder betont, daß die Haltung auf psychischen Ursachen beruht. Diese Auffassung hat vor allem seit Wilhelm Reichs Charakteranalyse breite Resonanz gefunden. Seitdem haben sich teils in Anlehnung an die Psychoanalyse, teils in Anlehnung an eigenständige, sogenannte körpertherapeutisch arbeitende Psychotherapien ganze Schulen gebildet, die im wesentlichen an der *Charaktertypologie* eines Menschen arbeiten. Sie versuchen mit offenbar sehr unterschiedlichem Erfolg, aus der Form des Körpers Rückschlüsse auf die Psyche des Menschen zu ziehen oder, andersherum, am Körper abzulesen, was dem Menschen bisher schon alles in seinem unglücklichen Leben zugestoßen ist. Bei einem *»Körperlesen«* dieser Art handelt es sich natürlich nicht um die *strukturelle Analyse,* wie wir sie im Rolfing verwenden.

Es handelt sich beim »Körperlesen« nicht um beschreibende Zuordnung von Grundrelationen anatomisch wohldefinierter Einheiten, sondern um ein Interpretationssystem.

Bestimmte Haltungen werden auf ihren Aussagewert hin interpretiert, sie werden als Ausdruck vor allem von emotionalen Zuständen gedeutet. Auf diese Weise kommt das psychotherapeutisch arbeitende »Körperlesen« zu sinnvollen Aussagen im Sinne der *Charakterbeschreibung*. Und es ist fast schon Gemeingut geworden, daß der tendenziell depressive Charakter mit eingeschränkter Atmung und gebückter Haltung, der zwanghafte Charakter mit krampfhaftem Aufrechtstehen, der orale Charakter mit schwachem Standvermögen und vorgestreckter Kopfhaltung einhergehen.

Die körperorientierten Psychotherapien arbeiten also an der Wechselwirkung von *emotionalen Spannungen,* von »unaufgearbeitetem Material« aus der Kindheit des Menschen und versuchen auf diese Weise, auch die Haltung des Menschen zu beeinflussen. Dies ist nur plausibel, da wir bereits gesehen haben, daß die Haltung tatsächlich äußerst anfällig für *psychische Spannungen* und Stimmungsschwankungen ist.

Rolfing arbeitet aus einer völlig anderen Perspektive. Es geht nicht um die Haltung, es geht um die Struktur. Und diese Struktur ist tatsächlich etwas anderes als die wechselnde Kette von Haltungen, die wir während unseres Tagesablaufs einnehmen. Strukturen sind im Gegensatz zu Haltungen äußerst stabil, sie sind, um es in der Sprache der Biologie auszudrücken, langsame Prozesse von großer Dauer.

Es mag dem Leser unverständlich erscheinen, warum der Einstieg des Rolfings sich so wesentlich von den Schulen des *Körperlesens* unterscheidet. Es ist deshalb sinnvoll, praktisches Anschauungsmaterial hinzuzuziehen.

Ich erinnere mich, daß ich vor längerer Zeit, als ich noch nicht im Rolfing ausgebildet war und noch im Umfeld der *Psychotherapie* tätig war, einen Klienten traf, der an einer mehrtägigen psychotherapeutischen Gruppenveranstaltung teilgenommen hatte. Ich war in Begleitung meines damaligen Rolfers, durch

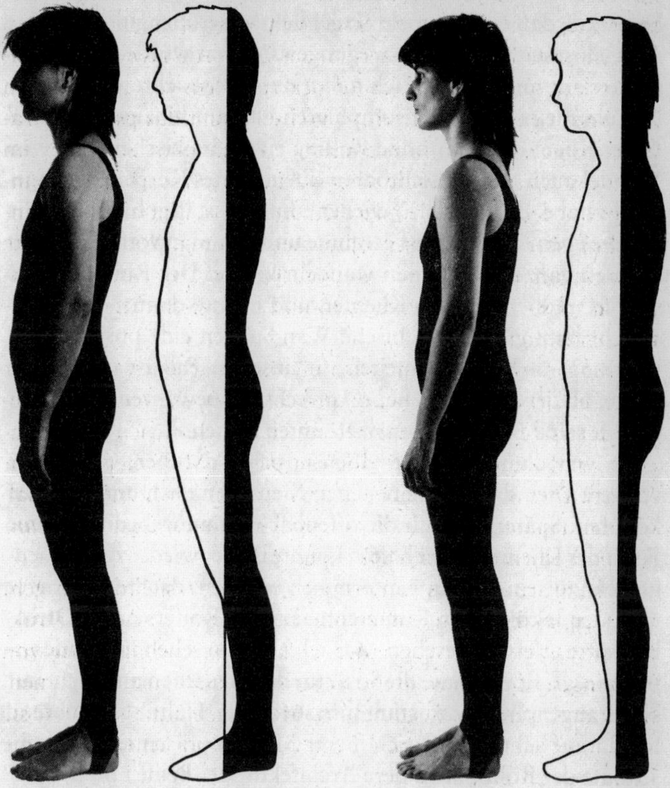

Fotos und Umrißzeichnungen veranschaulichen den von zehn Rolfing-Sitzungen eingeleiteten äußeren Wandel. Von Laien hört man immer wieder: »Die hat sich doch nur anders hingestellt.« Und dieses Argument ist sehr ernst zu nehmen, insofern es auf die menschliche *»Haltung«* zielt. Rolfing beschäftigt sich aber nicht mit Haltung, sondern mit *»Struktur«*. Und Struktur ist etwas sehr viel Grundlegenderes als Haltung. Struktur erkennen wir auf den Abbildungen beispielsweise in der Relation von Oberschenkel und Unterbein, in der räumlichen Form des Fußes oder der Stellung des Beckens. Und all das hat wenig mit Haltungskontrolle zu tun.

dessen Hinweise mein Auge offenbar etwas schärfer für den Körperbau eines Menschen geworden war. Ich sah den Klienten und bemerkte, daß er nicht mehr so gebückt wie früher ging, daß eine Art Gelöstheit in seinen Bewegungen sichtbar wurde und er aufrechter auf mich wirkte. Ich nahm diese Beobachtung zum Anlaß, um meinen Rolfer triumphierend darauf hinzuweisen, daß dieser Klient offenbar ohne Rolfing einen drastischen positiven Wandel auch auf der sichtbaren Ebene seines Körpers durchgemacht habe, daß sich also wieder einmal bestätigt habe, daß die *Psyche* eben den Körper bestimme und daß man von der Psyche aus den ganzen Menschen wandeln könne. Der Rolfer blickte sehr freundlich auf den Klienten und meinte dann: »Ja, es geschieht häufig, daß psychische Wandlungen eine positive Entwicklung im Körper einleiten. In unserem Fall ist es nun die Frage, ob der Klient das neue Aufrechtsein bewahren kann oder ob ihn seine Beine wieder nach unten ziehen.«

Ich war damals einigermaßen unsicher darüber, wie das zu verstehen sei, daß die Beine einen Menschen nach unten ziehen könnten. Später, als sich die offenbar stimmungsbedingte neue Form des Klienten nicht halten konnte und er wieder zusammengesackt zu seinen Gruppenterminen erschien, dachte ich erneut über den lakonischen Kommentar meines Rolfers nach. Offenbar hatte er etwas gesehen, was ich nicht zu sehen imstande gewesen war. Er erkannte die Struktur des Menschen und nicht nur seine augenblickliche, stimmungsbedingte Haltung. Während ich darauf achtete, wie sich dieser Mensch präsentierte, durchschaute der Rolfer die innere Architektur der Beine und ihre Bedeutung für die Form des Oberkörpers und des Rückens (Struktur). In diesem Moment wurde mir klar, wie grundverschieden die Betrachtungsweisen der meisten *Psychotherapien* und die des *Rolfings* sind. Und ich begriff auch, daß beide Verfahren ihren Wert haben, aber über sehr unterschiedliche Wege auf den Menschen einwirken.

Psychotherapie kann über eine seelische Einstellungsänderung besonders jene Elemente unseres Körpers erreichen, die unter dem Einfluß der *Emotionen* stehen. Wir kennen vielleicht den

Wandel im Gesichtsausdruck eines Menschen, der seine emotionalen Grundmuster verändert hat. Eine Veränderung dieser Art wirkt auf einzelne Komponenten der Haltung und beeinflußt vor allem die Elemente des Bewegungsapparats, die unserer bewußten Kontrolle unterliegen, darüber hinaus gibt es eine Reihe von Einflüssen, die wir nicht ohne weiteres kontrollieren oder unmittelbar spüren können. Es sind in erster Linie die Muskeln, die zu einem guten Teil unserer bewußten Steuerung zugänglich gemacht werden können. Ein sehr viel größerer Teil der Bewegungssteuerung und auch der reglos aussehenden Haltungssteuerung hat aber mit Bereichen unseres Körpers zu tun, die nicht unmittelbar einzelnen Muskeln zuzuordnen sind. Es sind nicht nur die mit wenigen Nerven verbundenen *Bindegewebsschichten,* es ist auch das Schaltsystem des *Nervensystems* und des *Kleinhirns,* das hier anzusprechen ist. Manches, was hier im Spiel ist, ist unserem Bewußtsein verborgen: Die Art, wie unser Rücken gehalten wird, kann längerfristig nur dann bewahrt bleiben, wenn die statische Grundlage dies mit einer guten Ökonomie ermöglicht. Diese statische Grundlage mag in verwinkelten Ecken unseres Körpers liegen, beispielsweise in den Zwischenknochenmembranen des unteren Beines.

Es ist nicht ganz einfach, ohne einen größeren Ausflug in anatomisches Fachchinesisch die hier angesprochenen Zusammenhänge zu durchleuchten. Bleiben wir zunächst bei der zusammenfassenden Behauptung, daß der Körper eine erstaunliche Eigendynamik hat. Obwohl oder gerade weil sich der Körper nicht von seiner psychischen Seite ablösen läßt, bietet der physische Organismus einen Zugang zur ganzen Person. Körperlich sichtbare *Strukturen* können, ausgehend von ihren immanenten Ordnungstendenzen, genauso auf die *Psyche* einwirken, wie umgekehrt die Psyche im Körper sichtbare Gegebenheiten schafft.

Allerdings haben die erwähnten »inneren Ordnungstendenzen« des Körpers den Vorzug, daß sie sich »in die Hand nehmen lassen«. Die »Innensteuerung« des Körpers läßt sich auf der bescheidenen Ebene des Körperbaus strukturell regulieren. Und diese Regulierung ist möglich, ohne dem Menschen irgendwelche Normen bezüglich seines Lebens aufzuzwingen, ohne ihm zu nahe zu treten.

Ida Rolf hatte immer die Hoffnung, daß ihre Arbeit etwas für alle Menschen sei, daß es gleichgültig ist, ob ein Mensch in diesem oder jenem kulturellen Rahmen aufgewachsen ist. Seine Körperstruktur unterliegt in jedem Fall einer Dynamik, die sich besser gestalten läßt. Gestaltung hat in diesem Kontext etwas mit Formgebung zu tun, nicht damit, wie sich einzelne Inhalte und deren nicht weiter zu begründende Normbezüge erläutern lassen. Wir berühren damit erneut den »nicht normativen Ansatz« des Rolfings. Die Menschen sollen durch unsere Arbeit zu nichts bekehrt werden, sie können vielmehr selbst die *selbstregulativen Tendenzen* ihres Organismus entdecken, sie können, wenn wir dafür ein großes Wort gebrauchen wollen, der *formgebenden Intelligenz* ihres Körpers vertrauen lernen.

Nun ist es allerdings gerade dieser Ansatz, der von kompetenter und inkompetenter Seite immer wieder lebhafte Kritik auf sich zieht. Der Rolfer sieht sich mit einer Schar empörter *Psychotherapeuten* konfrontiert, die einfach nicht gelten lassen will, daß sich der Organismus bleibend wandeln kann, auch ohne Aufarbeitung eines Großteils des alten psychischen Ballastes. Wir befinden uns damit bei der Frage nach den »festgehaltenen Gefühlen«.

Aus der Perspektive dieser Frage heißt es nun: In der Kiefermuskulatur sitzen Aggressionen, in den hochgezogenen Schultern sitzt Angst, in der ganzen Gestalt sitzt schließlich der Revolverheld oder das kleine Mädchen. Wir alle wissen, daß in vielen dieser Deutungen im Ansatz etwas Richtiges steckt. Es gibt ja wirklich verbissene Kieferpartien, ängstlich hochgezogene Schultern, und es gibt auch Revolverhelden und ängstliche kleine Mädchen aller Altersstufen. Die Frage ist nur, ob derartig deutende Zuordnungen immer so eindeutig sind, daß sie praktisch weiterhelfen.

Die Begründerin des Rolfings hat betont, daß ihre Arbeit emotionale »Entladungen« freisetzen kann, aber sie hat sich gleichzeitig dagegen gewehrt, diese Vorgänge in ein eindeutiges Zuordnungssystem festzulegen. Verspannte Arme können, wie sie einmal sagte, Wut bedeuten, sie können aber auch einfach eine physiologische Gegebenheit sein, die sich der Deutung entzieht. Mit anderen Worten: Aus der Sicht des Rolfings ist es nicht zu verantworten, bestimmte »Entladungen« zu provozieren. Alles, aber auch wirklich alles, was spontan und authentisch geschieht, ist in einer Rolfing-Sitzung in Ordnung. Aber die Arbeit verfehlt ihre Aufgabe, wenn sie versucht, einen Klienten zu provozieren. Wenn ein Rolfer seine Hände dazu mißbraucht, um seine Deutungen mit Gefühlsentladungen des Klienten zu bestätigen. Es geht also weder darum, *Emotionen* des Klienten zu verneinen oder gar zu unterdrücken, noch darum, diese Emotionen zu provozieren. Der Klient selbst ist der Regisseur seiner eigenen Sitzung, der Rolfer wird ihm große Freiheit lassen und seinerseits so exakt wie möglich auf der Ebene arbeiten, die sich mit Händen greifen und mit strukturell geschulten Augen beobachten läßt.

Diese zurückhaltende Art ermöglicht manchmal eine »Integration« von etwas Neuem gerade im Bereich des Fühlens. So mögen ein paar ruhig geweinte Tränen dem Klienten mehr bedeuten als der neugewonnene aufrechte Gang, so mögen die sanften Zwischenwerte der körperlichen Selbstwahrnehmung soviel mehr wiegen als das, was ein bemühter Rolfer seinen Klienten über *altägyptische Statuen* erzählen will.

Das »Ganzheitliche« dieser Methode des Rolfings liegt also nicht darin, von allem ein bißchen zusammenzumischen, es liegt nicht darin, ein bißchen Gefühlsentladung, ein bißchen Gestalt und ein bißchen körperliche Problematik auf einmal zu »bearbeiten« im Zuge von – wie es angestrengt genug heißt – »Körperarbeit«. Es geht eher darum, auf die umfassende *Selbstregulation* des Körpers zu vertrauen und dem Klienten das Recht zuzugestehen, sich als ganzer Mensch nicht aus den Augen zu verlieren. Die selbstregulative Kraft des Körpers kann in diesem Sinn verstanden werden: Man muß sich nicht in alles hineinsteigern, und es ist nicht immer nötig, über alles zu reden, es ist vielfach besser, verwirrende Gefühle ruhig betrachten zu lernen. Es geht nicht um »Entladung« des angstvoll hochgezogenen Schultergürtels (übrigens: wie oft läßt er sich entladen?), es geht darum, in Ruhe ein verstecktes positiv lebendiges Element in unserem Körper zu entdecken. Selbst wenn es uns gar nicht mehr gutgeht, gibt es irgendwo hinter einer verspannten Ecke ein lebendiges Stück unserer vergessenen Existenz. Unsere alten Fehler verpflichten uns überhaupt nicht dazu, in der falschen Richtung weiterzumachen. Und der Rolfer nimmt sich das Recht, sich gar nicht so lange vor der verspannten Ecke aufzuhalten, er probiert einfach an dieser Ecke vorbei, um das ebenso vorhandene vergessene Positive unseres körperlichen Potentials vorzuführen. Ganz ähnlich also, wie es der Beobachter in Kleists Text »Über das Marionettentheater« sagt: »...daß, wenn ein Geschäft von seiner mechanischen Seite leicht sei, daraus nicht folge, daß es ganz ohne Empfindung betrieben werden könne.« [16]

Also nicht ganz ohne Empfindung, aber auch nicht als schnaufend-stampfender Gefühlsfetischismus, wohin also? Es gab im letzten Jahrhundert einen Künstler, der den Menschen in enthüllend grimassierender Weise den Spiegel vor die Nase hielt: der französische Maler Honoré Daumier. Daumier schaffte es, im Allernormalsten das Allerübelste zu zeigen, er wurde zum kritischen Praktiker der bildenden Kunst. War das, was er uns vorführte, Enthüllung, Pädagogik oder Therapie?

In unserer praktischen Arbeit bemühen wir uns immer wieder, Daumiers negative Attitüde zu umgehen. Der Körper ist also nicht ein Behälter, der negative Kindheitserlebnisse speichert, er ist auch nicht eine mit Proteinen anzureichernde Eiweißsammelstelle, der Körper ist ein bißchen einfacher und zugleich komplizierter. Wir sehen den Körper als System, dessen selbstregulative Tendenzen sich positiv fördern lassen. Es würde in diesem Zusammenhang zu weit vom Thema wegführen, den methodischen Unterschied des genetischen und des systemhaften Ansatzes in der *Psychotherapie* zu diskutieren. Kehren wir noch einmal zur Gegenüberstellung der beiden Begriffe *Struktur* und *Haltung* zurück. Wir haben bereits gesehen, daß »Haltung« weitgehend abhängig ist von emotionalen Grundmustern, daß Haltung bewußt kontrolliert und verändert werden kann. Es gibt Haltung als persönliche Eigenart, als Ausdruck unserer Stimmungen und damit vielleicht als unsere persönliche Note. Aber es gibt Haltung auch in einem sehr viel weiteren sozialen Umfeld. Man muß nur die Fotos vergangener Jahrzehnte aufmerksam betrachten und wird den Eindruck gewinnen, daß jede Zeit, daß jede *soziale Gruppe* ihre Grundmuster hat. Haltung ist offenbar ein soziales Phänomen, das von den Normen einer Gruppe beeinflußt ist.

Läßt sich der *Strukturbegriff*, den wir im Rolfing verwenden, angesichts der Einflußvielfalt, die Haltungen prägt, noch sinnvoll verwenden? Hat dieser Strukturbegriff überhaupt noch etwas damit zu tun, wie wir uns aufrecht halten? Wir können einen Teil der Antwort auf diese Frage schon darin finden, wie wir den Körper in seiner Form betrachten: Es geht in unserer Sicht nicht nur darum, wie er »sich hält«, nicht nur darum, wie er sich von innen her steuert. Wir betrachten vielmehr das Verhältnis, in welchem er zu seiner Umgebung steht. Die Umgebung ist auf einer ganz allgemeinen Ebene das *Schwerefeld der Erde*, zum Beispiel auch der Stuhl, auf dem wir sitzen, das Arbeitsgerät, über das wir uns beugen usw.

Während wir den Körper als Ganzes zu diesen Gegebenheiten in Beziehung setzen, betrachten wir das Verhältnis seiner Einzelelemente zueinander. Wie steht der Kopf im Verhältnis zum Hals, wie steht er im Verhältnis zum Schultergürtel und zum Rücken? Wenn wir nun von einer ausgewogenen Struktur sprechen, versuchen wir sogar, über manches hinwegzusehen, was als »Haltungselement« überdeutlich ist. Wir konzentrieren uns darauf, was uns der Körper ungezwungen und ohne Anstrengung zeigt. Wir können zum Vergleich einen Test machen: Stellen wir uns vor den Spiegel und betrachten uns in einer ganz gewohnten Position, so, wie es gerade für uns bequem ist. Dann bringen wir die Füße ganz parallel zusammen und versuchen, den Kopf so weit wie möglich nach oben zu bringen, wir versuchen also, so lang wie möglich in Richtung Decke zu wachsen. Nun gehen wir wieder in die Ausgangsposition zurück und vergleichen unser Bild im Spiegel. Ist zwischen beiden Bildern ein großer Unterschied? Verdreht sich etwas im Körper, sobald wir die Füße zusammenbringen? Ändert sich etwas an der Höhe einer Schulter im Verhältnis zur anderen, oder ändert sich allgemein unser Gleichgewicht? Und, das ist vielleicht die wichtigste Frage, fühlen wir uns anders?

Falls unsere beiden Bilder im Spiegel sehr voneinander verschieden sind, falls wir also in der *Testposition* ganz anders aussehen als in der bequemen Ausgangsposition, ist das ein Hinweis auf Schwächen in unserer »*Struktur*«. Diese Schwächen sind sowohl relativ unabhängig von den Haltungen, die wir einnehmen, als auch von psychischen Schwankungen. Die Schwächen unserer Struktur sind eben Ausdruck der Lösung, die der Körper gefunden hat, um im Schwerefeld der Erde einigermaßen zurechtzukommen. Eine schiefe Schulter hat möglicherweise ihre Berechtigung, da sie eine verschobene Hüfte ausgleicht und ausbalanciert. Ein leicht nach innen gedrehtes Bein mag zum Ausgleich eines Beckenschrägstands dienen.

Rolfing dient nicht dazu, diese Ungleichmäßigkeiten völlig einseitig auszuräumen, es ist wesentlich wichtiger zu erkennen, wieviel von der verdrehten Seite unnötig ist und sich deshalb manipulativ ausgleichen läßt und wieviel zur Stabilisierung des ganzen Körpers als Gleichgewichtselement noch sinnvoll ist.

Unsere Arbeit konzentriert sich in diesem Sinn auf das Zusammenwirken von Details. Struktur ist also nicht der allgemeine »gestische« Ausdruck unserer Körperhaltung, es ist nicht das »Heute-lasse-ich-den-Kopf-etwas-hängen«, es ist die hinter allen Haltungen und Gesten verborgene »Grundschaltung«. Die strukturelle Grundschaltung gibt den Spielraum vor, innerhalb dessen sich Haltungen erst leben lassen.

Eine ausgewogene Struktur wird dem Menschen einen größeren Ausdrucksspielraum gewähren. Er wird über ein größeres Arsenal von Haltungen verfügen können und damit sich ernst oder humorvoll seines Körpers bedienen. Der Mensch wird dann nur noch in den Augenblicken zu einer Karikatur, in denen er es will und weiß.

Die Grundlagen der Struktur sind, wie wir festgestellt haben, ein Zusammenwirken von Details. Diese Details können manch-

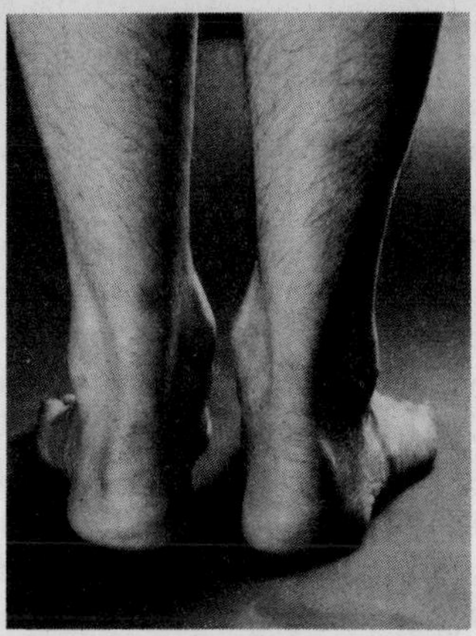

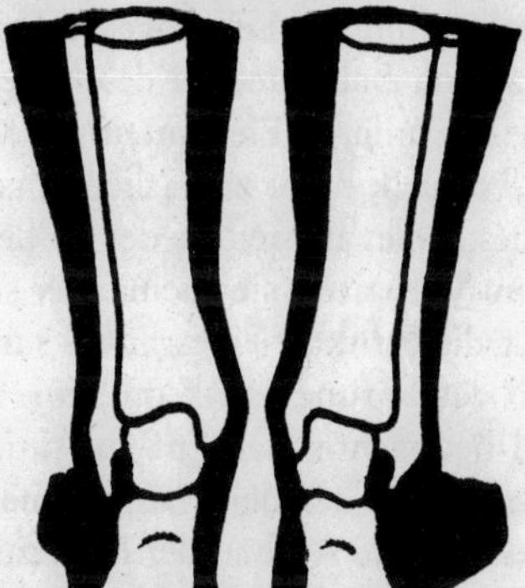

Die Position der *Fußknochen* hängt von Sehnen, Muskeln und Bändern des Unterschenkels ab. Die Abbildung zeigt den seitlich verschobenen *Talus* und *Calcaneus*. Es handelt sich um eine »strukturelle« Gegebenheit, die nichts mit Haltungskontrolle zu tun hat. Mehrere Sitzungen der Rolfing-Grundserie beschäftigen sich mit der Struktur der Füße. Es geht dabei nicht nur um die Füße, es geht zugleich um die wichtigste Grundlage der inneren Statik unseres Rükkens.

mal in einem einzigen Segment unseres Körpers zu finden sein.

Betrachten wir beispielsweise einen *Fuß*. Jeder Fuß hat eine Anzahl von Elementen, wir alle haben mehr oder weniger dieselben Knochen, Bänder und Muskeln, die für unsere Betrachtung wichtig sind. Wir haben aber eine ganz individuelle Lösung gefunden, wie diese Einzelelemente im Raum verteilt sind, wie sie miteinander im Verhältnis stehen. Die Relation der einzelnen Teile zueinander bestimmt die Form unseres Fußes und bestimmt darüber hinaus eine ganze Kette von anderen Relationen, die nicht im Fuß selbst liegen.

Mit einer bestimmten Form des Fußes ist festgelegt, wie das Gewicht durch unseren ganzen Körper fällt, wie es sich auf einzelne Abschnitte des Rückens verteilt, wie es von Segment zu Segment weitergegeben wird. Der Fuß beeinflußt also nicht nur seine eigene Form, sondern beispielsweise auch die Drehung des Knies oder die Verbindung der Leistengegend mit dem Bein. Die Relation der einzelnen Bauelemente des Fußes geht also eine Wechselwirkung mit anderen Elementen des Körpers ein.

Um hier den Überblick nicht zu verlieren, ist es wichtig, die Grundelemente des Fußes immer wieder zu betrachten und zu fragen, in welchem Verhältnis sie zueinander stehen. Wenn ein Rolfer etwas über die Struktur eines Fußes sagen will, fragt er sich zunächst, ob das Sprunggelenk im Sinne eines Scharniers funktioniert, und beobachtet den Fuß in Aktion beim Gehen. Dann betrachtet er die Statik der Hauptelemente. In welchem Verhältnis steht der innere Aufbau der Ferse zur Schwerkraftlinie des Beines? Wie steht der Talus auf dem Calcaneus? Wie wölben sich der äußere, der innere und der transversale Bogen der Fußsohle?

Der Aufbau unseres Fußes bildet die unterste Gundlage unserer Struktur. Die *Fußform,* die Art und Weise, wie seine Einzelelemente im Raum verteilt sind, garantiert, daß die oberen Etagen unseres Körpers frei beweglich bleiben.

Der Aufbau unseres Fußes gibt auch eine Antwort auf die Frage, die dem Rolfer immer wieder gestellt wird, die Frage nach

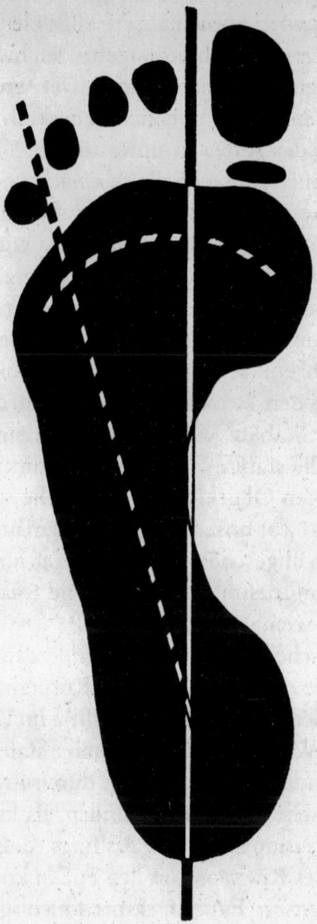

Der Fußabdruck eines Menschen erzählt dem geschulten Auge eine lange Geschichte. Wie steht der Mensch auf seinen Füßen? Wie wölben sich der mediale, laterale und transversale Bogen entlang der eingezeichneten Linien?

der Dauerhaftigkeit des Wandels. Hält das wirklich, was wir als neuen Körper nach zehn Rolfing-Sitzungen sehen? Unsere Füße geben eine klare Antwort: Sobald unsere Füße ein gewisses Maß an Ordnung, an »flexibler Stabilität« gefunden haben, wird unser »Oberteil« genügend Stabilität finden. Der Wandel im Rükken, im Nacken und im Schulterbereich ist deshalb mit Grundlagenarbeit unterhalb des Knies zu unterstützen.

Wir können hier durch unsere Selbstbeobachtung lernen. Was machen wir mit unserem Oberkörper, sobald wir unversehens ausrutschen und hinfallen? Vielleicht erinnern wir uns noch an einen unglücklichen Sturz, der uns Kreuzschmerzen oder einen verstauchten Arm beschert hat. Unsere Leiden in der Folge des Sturzes geben uns den Hinweis darauf, daß wir uns, sobald wir die Unterstützung unserer Füße verloren haben, in einem oberen Körperabschnitt, in den Armen, den Schultern oder auch im Rücken, angespannt haben. Wir suchten mit dem Oberkörper Halt zu finden, als die stabile Grundlage wegglitt. Der Aufprall mit dem angespannten Oberkörper hat uns die schmerzhaften Folgen beschert. Nun war unser Angespanntsein im Moment des Sturzes aber so schnell geschehen, daß wir mit unserem Willen darauf keinen Einfluß nehmen konnten. Die Reaktion lag auf der Ebene von Reflexen.

Auf dieser Ebene scheint auch unsere ständige Reaktion zu liegen, wenn wir sitzen oder stehen. Unser Körperbau reagiert in den oberen Bauelementen auf jede Instabilität im Unterbau. Das heißt mit einfachen Worten: Sobald wir keine stabile Grundlage in unseren Füßen finden, versuchen wir, durch Anspannung im Oberkörper zusätzliche Stabilität zu finden. Es kann durchaus sein, daß das alte Gundprinzip des Rolfings, daß nämlich die Strukturprobleme des Rückens von den Füßen kommen, damit zu tun hat. Sobald unsere *Füße* strukturell nicht geordnet sind, müssen Einzelschichten im Rücken zur Stabilisierung zusätzlich »verwachsen«. Einzelne Muskeln des Rückens verlieren dadurch ihre Gleitfähigkeit aufeinander, die *Verbindung* zwischen den Rippen und unserer Wirbelsäule ist nicht mehr so beweglich, wie sie sein könnte.

Mit dieser Betrachtung kommen wir wieder zum Ausgangspunkt unserer Überlegung zurück, zur Diskussion der inneren und äußeren Form des menschlichen Körpers, zur Unterscheidung von Haltung und Struktur. Das Beispiel über das Zusammenwirken der *Struktur der Füße* (Struktur der Füße heißt räumliche Verteilung der Bauelemente) und des Oberkörpers (auch hier: räumliche Bauelemente) zeigt uns, daß es eine »Tiefenschaltung« unserer inneren und äußeren Form gibt, die von der gefühlsbedingten Haltung verschieden ist. In jedem Augenblick unseres Lebens ändert sich die räumliche Verteilung der Bauelemente unseres Körpers, ein Atemzug, eine leichte, fast unmerkliche Verschiebung unseres Gleichgewichts lassen unzählige Reaktionen im Körper ablaufen. Und diese Reaktionen laufen mit einer gewissen Wahrscheinlichkeit ab. Bestimmte Strukturbilder kehren immer wieder, bestimmte Bewegungsfolgen laufen wiederholt ab, und unser *Organ der Form, das Bindegewebe,* bildet eine Struktur aus dieser Wahrscheinlichkeit und Häufigkeit. Rolfing will in diesen Entwicklungsprozeß auf zwei verschiedenen Ebenen eingreifen. Es will erstens die klare physiologische Differenzierung der einzelnen Bauelemente wiederherstellen, also zum Beispiel einem Muskel helfen, daß er mit Hilfe der *Faszie* frei über ein Gelenk gleiten kann, ohne mit anderen Muskeln und Bändern verwachsen zu sein, es will zweitens aber noch etwas Anspruchsvolleres leisten.

Dieser zweite Punkt hat weniger mit der Vereinfachung »Körperstatik« zu tun, er hat mehr mit Dynamik und Bewegung zu tun. Sobald nämlich Einzelelemente des Körperbaus in einer neuen räumlichen Zuordnung zueinander stehen, ändern sich auch Häufigkeit und Wahrscheinlichkeit der Bewegungsfolgen. Ein Bein, das in einer näherungsweise geraden Linie unter dem Becken nach vorne pendelt, wird beim Gehen zu einer anderen Bewegungsform zur Verfügung stehen als ein X-Bein oder ein O-Bein. Ein Nacken, in dem die Halswirbel ihre natürliche Position gefunden haben, in dem die äußere Muskulatur nicht mehr unnötig angespannt ist, wird spontan für eine freie Seitdrehung verfügbar sein. Ein Rücken, in dem die *Erektorengruppe* tatsächlich

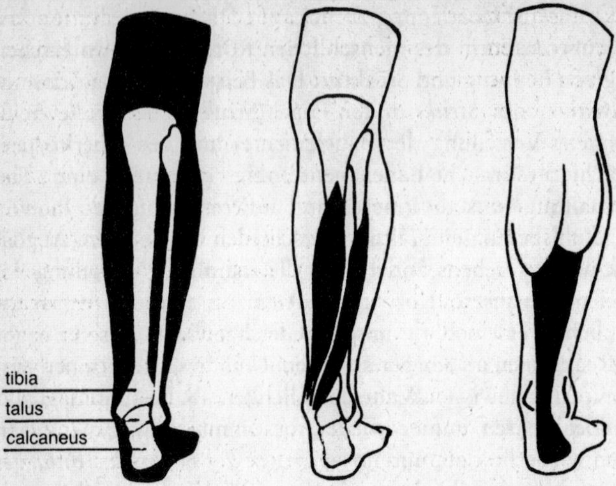

Die seitliche Verschiebung der Ferse ist auf der Ebene unterschiedlicher anatomischer Einheiten manifest: Auf der Ebene der Knochen, der Muskeln, der Sehnen und Bänder. Die *Faszien* sind formgebende Zwischenschichten der abgebildeten Knochen, Muskeln und Sehnen.

den Körper aufrichtet, anstatt ihn zusammenzuziehen, wird bei jeder Bewegung ruhig und flexibel seine Aufgabe erfüllen und das Gewicht im Organismus verteilen, anstatt es zu tragen. Um eine Entwicklung in Richtung ökonomischer Bewegungsfunktion zu ermöglichen, bemüht sich der Rolfer, die Form eines menschlichen Körpers immer zugleich als Ausdruck von Bewegung zu betrachten. Wie bewegen wir uns? Was tun wir mit unserem Körper, sobald wir eine Bewegung einleiten und sobald eine Bewegung zum Stillstand kommt? Senken wir unseren Kopf, sobald wir anfangen zu gehen? Spannen wir unsere Schultern an, sobald wir aus einem Sessel aufstehen? Sinken wir in uns zusammen, sobald wir etwas Schweres heben?

Fragen dieser Art zeigen uns, daß wir unseren Körper ständig selbst formen, indem wir ihn auf eine ganz bestimmte Weise gebrauchen. Und der Rolfer wird die Bedingungen dieses Gebrauchs modifizieren, und er wird auf der schon erwähnten »anspruchsvolleren Ebene« lehrend einen Dialog mit uns führen.

Der Rolfer versucht, die individuelle Sprache eines Körpers zu verstehen. Er bemüht sich, mit seinen Händen zu spüren, wie ein Organismus auf seine Umwelt reagiert, und er versucht, in dieser Sprache mit seinen Händen einen Dialog mit dem Klienten zu beginnen. Am Anfang wird er möglicherweise mit seinen Händen nur das sagen können, was dem Klienten ohnehin vertraut ist, beispielsweise »hier sitzt viel Spannung, ich kann diese Bewegung nicht machen, ich werde wütend, wenn jemand hier draufdrückt«. Dann, im Lauf der weiteren Sitzungen, wird er versuchen, die Sprache des Klienten nicht nur zu sprechen, er wird auch versuchen, in der Sprache des Klienten neue Aussagen zu machen. Es geht dabei nun nicht mehr um Verspannung oder alte Probleme, es geht um das vergessene oder verschüttete positive Potential des Menschen. So mag bei dieser Art Arbeit ein Mensch durch ruhig geführte, passive Bewegungen neue Bewegungsmuster entdecken.[17] Ein anderer mag in minimalen Bewegungen das finden, was ihm angestrengte Trainingsmethoden nicht geben: Bewußtheit und Sinn für seinen ganzen Körper. All dies ist, um es nochmals zu sagen, Grundlagenarbeit für unsere Person. Bedeutung hat sie in all ihrer Unscheinbarkeit aber gerade deshalb, weil ihr Ansatzpunkt jenseits der bei uns eingefahrenen Lösungsmöglichkeiten liegt. Die Effektivität, die manchmal verblüffende Schnelligkeit der Resultate, die uns ein Meister der Methode zuverlässig vorführen kann, liegt zu einem guten Teil darin begründet, daß uns seine Arbeit auf der Ebene der tiefliegenden Reflexe etwas lehrt. Er bleibt also nicht bei der Art Bewußtsein stehen, die wir ohnehin von unserer Person oder dem davon unabtrennbaren Körper haben.

Überlegungen dieser Art führen uns unweigerlich zu einem zweiten Begriff, den wir neben dem *Strukturbegriff* verwenden, dem Begriff der *Funktion*. In den ersten Jahrzehnten des Rolfings stand der Strukturbegriff ganz im Mittelpunkt der Diskussion. Wir haben im obigen Abschnitt gesehen, daß dieser Strukturbegriff nichts mit dem der Haltung, daß Rolfing nichts mit »*Massage gefühlsbedingter Haltungen*« zu tun hat, daß Struktur sehr viel mehr Abstraktionsvermögen und Sachkenntnis bei der Analyse verlangt. Heute ist es auch der *Funktionsbegriff*, der Teil des kritischen Gesprächs über das Erbe Ida Rolfs geworden ist. Läßt sich das, was wir mit dem Strukturbegriff beschreiben wollen, überhaupt ohne eine sinnvolle Beobachtung der Funktion erfassen? Ist die Betrachtungsweise, die von den Rolfern so gerne eingenommen wird, die »statische Analyse des Menschen«, nicht viel zu eng und schematisch? Wir sind, so möchte man sagen, doch keine Statuen, die festgefügt dastehen, ohne sich zu bewegen. Und wir sind letztlich doch auch nicht das Blockmännchen, das zum Firmenzeichen des Rolf Instituts geworden ist.

Um für den angesprochenen Aspekt sinnvolle Aussagen machen zu können, müssen wir uns noch mal in Erinnerung rufen, daß wir unser Blockmodell und unsere »statische Idee« als Modell formuliert haben und nicht als umfassende Abbildung der Realität. Als Modell haben wir es formuliert, um innerhalb einer bestimmten Fragestellung zu praktischen Lösungen zu kommen.

Es liegt nahe, nach dem Umfeld der Fragestellung zu suchen, zu sehen, wie die Aufgabenstellung des Rolfings ursprünglich war und wie sie in den »Pioniertagen« theoretisch und praktisch angegangen wurde. In den alten Tagen des Rolfings galt sicherlich eine fast ausschließliche Konzentration auf das Eigenständige, Neue und Einmalige unseres Handwerks. Ida Rolf war nicht nur der Meister ihrer Disziplin, sie war zugleich ein Pionier, der möglichst klar das zeigen wollte, was die Leistungsfähigkeit ihrer Methode war. Dies verbindet sie sicherlich mit anderen großen Pionieren in der angewandten Wissenschaft vom Menschen. Sie waren alle sehr darauf bedacht zu zeigen, was das Wesentliche ihrer Arbeit war, und sie befürchteten manchmal, daß man ihre Perspektive nicht richtig einschätzen oder gar falsch verstehen könnte. In der Folge geschieht es nur allzu leicht, daß eine Methode als zu einseitig (einseitig körperlich) kritisiert wird, weil sie zur Zeit ihres Entstehens das handwerkliche Rüstzeug zu sehr betonte.

Für Rolfing gilt auch heute noch: Das handwerkliche Geschick, Strukturen zu ordnen, steht im Mittelpunkt der Arbeit. Es geht immer wieder und wieder darum, die wichtigsten Bauteile unseres Körpers »menschlicher« anzuordnen. Aber wir wissen, daß diese Neuordnung zugleich Konsequenzen hat, die nicht nur damit zu tun haben, wie wir uns im Schwerefeld der Erde aufrecht halten.

Die Anordnung des menschlichen Körperbaus im Raum ist der Kontrollbereich, der unsere Arbeit immer wieder selbstkritisch durchleuchten kann. Denn das »Menschlichere« an unserem Körperbau ist bereits eine so anspruchsvolle und zugleich vage Formulierung, daß man fragen kann, ob das damit Gemeinte nicht sehr von unangreifbaren, allzu allgemeinen Hypothesen bestimmt ist. Die räumliche Anordnung klar definierter anatomischer Einheiten und die mit persönlichen Tests belegbare erweiterte Bewegungsfähigkeit liefern uns den Rahmen, innerhalb dessen wir die Tauglichkeit unserer Arbeit bestätigen oder revidieren können. Es sollte dem Beobachter klarsein, daß es ein großes Privileg ist: Struktur und Funktion lassen sich innerhalb bestimmter Grenzen testen. Schon der nicht unwichtige Bereich des Fühlens ist uns nicht in diesem Ausmaß zugänglich. Das, was der einzelne mit der sprachlichen Umschreibung eines Gefühls macht, ist ein sehr subjektiver Prozeß. Die Aussage eines Klienten – »ich fühle mich besser«, »ich fühle mich stärker« – ist sehr ernst zu nehmen. Der Wert dieser Aussage läßt sich aber nicht so klar bestätigen wie eine Testbewegung, die wiederholbar und beobachtbar ist.

Die Pioniere der körperbezogenen Methoden[18] haben sich vielleicht auch deshalb so klar am greifbaren Körper »festgehalten«. Nicht weil sie den Gegenstand ihrer Arbeit, das Feld ihres Wirkens auf die körperliche Seite reduziert wissen wollten, wohl aber, weil sie sich der physischen Erscheinung (Struktur) und des physischen Bewegungsprozesses (Funktion) als methodischen Ordnungsprinzips bedienten.

Manches, was Ida Rolf formuliert hat, ist nur aus ihrer jahrelangen Beschäftigung mit der altindischen Tradition des *Yoga* zu verstehen. Sie hat viele Jahre mit einem Yoga-Meister verbracht. Ihre Erfahrungen waren zum Teil sehr positiv, zum Teil führten sie zu einer kritischen Auseinandersetzung mit der Wirkung des Yoga in unserer westlichen Kultur. Der Ansatz ihrer eigenen Arbeit war wesentlich von dem sehr anspruchsvollen Ziel bestimmt, ein *Yoga des Westens* zu finden. Ein Yoga des Westens, das bedeutet eine ganzheitliche Auseinandersetzung mit dem menschlichen Organismus, eine Auseinandersetzung mit den emotionalen, psychischen, spirituellen und vor allem physiologischen Grundlagen der menschlichen Existenz. Ein Yoga des Westens sollte es deshalb genannt werden, weil Ida Rolf beobachtet hatte, daß nicht in allen Fällen der in den Westen exportierte Yoga-Unterricht zu den gleichen Ergebnissen führte, die man in Indien beobachten konnte. Ida Rolf ging davon aus, daß das Aufwachsen eines Menschen im wesentlichen von ganz grundlegenden Alltagsgewohnheiten bestimmt wird. Grundlegende Alltagsgewohnheiten sind, um ein einfaches Beispiel zu nennen, daß in unserer Kultur Menschen auf Stühlen sitzen, daß sie in der indischen Kultur aber auf dem Boden sitzen. Ein Lotussitz mag für einen Menschen, der in einer östlichen Kultur aufgewachsen ist, ganz anders auf den menschlichen Organismus wirken als in einer westlichen Kultur.

Trotz aller Faszination, die von der Yoga-Arbeit für Ida Rolf ausging, wurde sie stets auf den Aspekt des sogenannten manipulativen Ansatzes hingewiesen. Sie hatte andere Ansätze kennengelernt. Beispielsweise die eindrucksvolle Arbeit *F. M. Alexanders*[19]. Alexander hatte aus seinen eigenen Hemmnissen einen einschneidenden Neuansatz der Beschäftigung mit Bewegung und vor allem mit Bewußtheit der Bewegung für einen besseren Gebrauch des menschlichen Körpers entwickelt.

Und Ida Rolf pflegte den Dialog mit *Moshe Feldenkrais*. Dieser Dialog schwankte, so kann man heute sagen, zwischen herzlicher Freundschaft und fachlich streitbarer Feindschaft. Es spielt eine nicht unwesentliche Rolle, daß beide aus zugleich unterschiedlichen und ähnlichen Quellen des Ostens und des Westens schöpften. Aus der westlichen Wissenschaftstradition hatte Ida Rolf ihre Prägung durch die chemische Forschung, Moshe Feldenkrais seinen Einfluß durch die physikalische Forschung erhalten. Während Ida Rolf sich ganz auf eine Disziplin, nämlich die organische Chemie, konzentrierte, eine Disziplin, deren Modellvorstellungen in erster Linie vom Strukturbegriff beherrscht waren, befand sich Moshe Feldenkrais mit der Kernphysik auf einem Arbeitsgebiet, dessen Dynamik zu jener Zeit eher an Modellvorstellungen des Funktionsbegriffs orientiert war. Konsequenterweise haben beide ihre Arbeit aus diesem methodischen Hintergrund heraus benannt. Moshe Feldenkrais gab seiner Arbeit die Bezeichnung *»Funktionelle Integration«*, Ida Rolf ihrer Arbeit die Bezeichnung *»Strukturelle Integration«*. Hinter dem kleinen terminologischen Unterschied verbirgt sich die leidenschaftliche Diskussion darüber, wie der menschliche Organismus am effektivsten und am fruchtbarsten lernen kann, »sich selbst vernünftig zu gebrauchen«. Lernen wir richtige Bewegungsformen[20] auf der Basis einer harmonischen Körperstruktur, oder entwickelt sich die harmonische Körperstruktur von selbst durch »richtige Bewegungsformen«? Vermutlich wußten sowohl Ida Rolf als auch Moshe Feldenkrais, daß man den Organismus nur im Spannungsfeld der Wechselwirkung beider Zentralbegriffe *Struktur* und *Funktion* beschreiben sollte. Trotzdem versuchten beide, an jeweils einer Seite des Begriffspaars als Fundament festzuhalten. Für das Rolfing wurde der Strukturbegriff bestimmend, für den Feldenkrais-Unterricht der Funktionsbegriff. Der physiologische Ansatz Feldenkrais' liegt auf der Ebene des *Nervensystems*, und das ist tatsächlich die Ebene, die sich adäquat mit dem Funktionsbegriff beschreiben läßt: »Die Funktion und nicht die Struktur scheint der beste Leitfaden zu sein, um ein kohärentes Bild des Nervensystems zu formen« (Feldenkrais, Body and Mature Behaviour, S. 18). Und der physiologische Ansatz Ida Rolfs ist auf der Ebene des *Fasziensystems* zu suchen, jener Ebene also, die die kleinste und klarste Gliederung der Mechanik des Körpers bildet. Entsprechend findet der Strukturbegriff Verwendung: »Living bodies are such forceful and intimate expressions of vital energy or its lack that the fact that they are also material manifestations in a three-dimensional world often disappears. Men are subject to the laws of the material world as well as to the laws of energy. Human bodies, houses, automobiles, airplanes, and all things in the three-dimensional world are structured in accordance with mechanics.« – »Ein lebender Körper ist ein so kraftvoller und inniger Ausdruck für vitale Lebenskraft bzw. deren Mangel, daß die Tatsache, daß er gleichzeitig stoffliche Manifestation in einer dreidimensionalen Welt ist, in den Hintergrund tritt. Der Mensch ist den Gesetzen der materiellen Welt genauso unterworfen wie den Energiegesetzen. Der menschliche Körper, Häuser, Autos, Flugzeuge und vieles mehr aus der dreidimensionalen Welt befinden sich ihrem Bau nach im Einklang mit den Lehren der Mechanik.«[21]

In diesem Sinn ist der *Strukturbegriff* also nicht auf jenes *statische Modell* reduziert, wie es gerne der Theorie des Rolfings vorgeworfen wird. Der Strukturbegriff ist vielmehr als Modellvorstellung eingesetzt, die den Funktionsbegriff durch Bezugnahme auf die Bewegung des Körpers beinhaltet.

Ida Rolf hat das erweiterte Prinzip Bewegung mit dem Begriff *Verhalten* zu verdeutlichen versucht. Durch die vereinfachende Brille der Analyse gesehen, ist Struktur die mechanische Rahmenbedingung dessen, was sich schließlich in körperlichem Verhalten ausdrückt. Es gibt ein grundlegendes Beispiel aus Ida Rolfs Buch (Structural Integration), ein Beispiel, das die idealisierenden Momente des Strukturbegriffs und die umfassende, konkrete Dimension menschlichen Verhaltens zusammenbringen will. Das Beispiel ist aus der chemischen Forschung gewählt: »For example, salt is a white crystalline substance with well-defined, specific properties – a given melting point, a known capacity for conducting electricity, a definite solubility in water of a given temperature, et cetera. Examination under a microscope shows crystals with sharply defined edges and with plane surfaces that meet at definite angles. Deviation from these specifics is evidence of an admixture of some other material, a so-called impurity. Significantly, any deviation makes chemical behavior less predictable. Thus, even in this relatively simple situation, behavior bears witness to a given structure. In this system, in salt, structure is a relationship among atoms. In any energy system, however complicated, structure (relationship of units of any size in space) is experienced as behavior. *Structure is behavior.*«[22] – »Salz beispielsweise ist ein weißer kristalliner Stoff mit ganz spezifischen, genau definierten Eigenschaften, wie etwa einem bestimmten Schmelzpunkt, einer bestimmten elektrischen Leitfähigkeit und einer bestimmten Löslichkeit in Wasser mit einer bestimmten Temperatur usw. Eine mikroskopische Untersuchung zeigt Kristalle, deren Kanten sich scharf abheben und deren glatte Oberflächen in ganz bestimmten Winkeln aneinanderstoßen. Irgendwelche Abweichungen davon deuten auf Fremdbestandteile hin, sogenannte Unreinheiten. Derartige Abweichungen machen das chemische Verhalten deutlich weniger vorherbestimmbar. Also auch bei einem so einfachen Beispiel zeugt Verhalten von einer bestimmten Struktur. Der Strukturbegriff beim Salz bezieht sich auf das Verhältnis von Atomen. In jedem auch noch so komplizierten Energiesystem stellt sich Struktur (die räumliche Beziehung beliebig großer Einheiten) als Verhalten dar. *Struktur ist Verhalten.*«

Inwieweit Struktur Bewegungsabläufe definiert, ist Künstlern, insbesondere Musikern und Schauspielern, vertraut. Eine veränderte Relation einzelner Körperabschnitte, eine veränderte Relation des Handtellers, des Unterarms, der Schulter, des Beckens impliziert eine veränderte Ausdrucks- und Bewegungsfähigkeit. Der *Strukturbegriff* des Rolfings zielt also von vornherein auf ein dynamisches System. Die Statue, der stillstehende Mensch sind Vorstellungshilfen, Hilfsmittel einer Analyse, die Einzelmomente einer komplexen Realität in den Griff bekommen und dem Lernenden und dem Laien verständlich machen will.

Mir fällt zu diesem Thema eine Geschichte ein, die mir einer meiner Kollegen vor Jahren erzählt hat: Er war auf dem Weg zu einer Sitzung bei Ida Rolf; bevor er ihren Arbeitsraum betrat, ging er einen längeren Gang entlang, betrat das Arbeitszimmer und sah Frau Rolf mit dem Rücken zu ihm gewandt stehen. Ohne sich umzudrehen, sagte sie: »Your psoas needs work« – zu deutsch: »Wir sollten an deinem Psoas arbeiten.« Sie hatte offenbar aus den Geräuschen seines Gangs Rückschlüsse auf den Zustand im Inneren seines Beckens gezogen, sie hatte während des Aufsetzens der Ferse beim Gehen daran gedacht, wie das Knie im Verhältnis zur Ferse, wie die Bewegung des Knies wiederum im Verhältnis zum Becken steht und wie eine Störung der geradlinigen Scharnierbewegung des Knies vom unteren Rücken (Lendenwirbelsäule) bedingt sein mag. Nun, es handelt sich bei diesem Beispiel nicht um Rolfing-Chinesisch oder anatomische Spinnerei, es handelt sich um ein deutliches Beispiel der angewandten Strukturanalyse. *Struktur* läßt sich in diesem Sinn als *Verhalten* im dreidimensionalen Raum beobachten. In idealisierter, vereinfachter Perspektive erscheint Struktur im menschlichen Körper im Ruhezustand, in aufrechter Position, als Relation der Hauptsegmente. Jenseits dieser Vereinfachung erscheint Struktur als Bewegungsraster, als Kette von Bewegungsabläufen, die sich mit einer bestimmten Periodizität wiederholen. Dieser abstrakt klingende Satz läßt sich an folgendem Beispiel verdeutlichen: Ein Musiker spielt eine Bach-Fuge. Gemäß den kompositorischen Prinzipien der Fuge taucht das musikalische Thema mehrmals in der rechten Hand und in der linken Hand des Pianisten auf. Mit den Worten eines Laien: Der Musiker spielt dieselbe Melodie einmal mit der rechten, einmal (auf anderer Tonhöhe) mit der linken Hand. Der Musiker bemerkt nun beim Üben, daß eine Hand das Thema sehr viel gleichmäßiger spielt als die andere. Er mag nun durch Üben und durch mehr oder weniger starke Konzentration diesen Unterschied auszugleichen versuchen. Sein Unterfangen wird möglicherweise auf Grenzen stoßen. Jedes Lernen, das mit zuviel Schmerz und Anstrengung verbunden ist, liefert nur sehr beschränkte Resultate. Ein Rolfer würde von einem ganz anderen Blickpunkt aus das

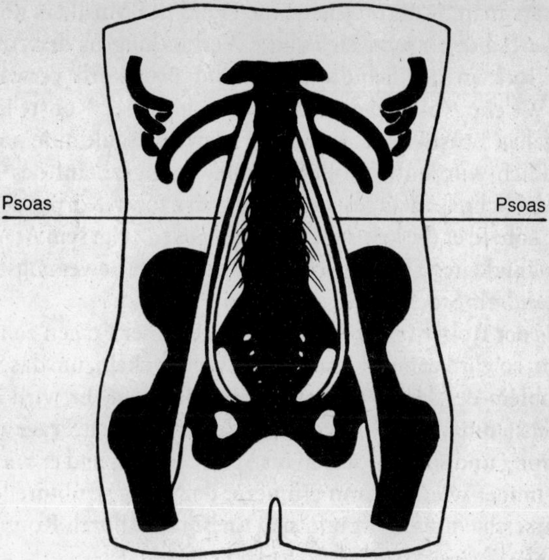

Der *Psoas* verbindet mit zwei Muskelsträngen die Vorderseite der Wirbelsäule mit der Innenseite der Oberschenkelknochen. In der Theorie und Praxis des *Rolfings* spielt der *Psoas* eine wichtige Rolle. Die natürliche Spannkraft dieses Muskelpaares beeinflußt indirekt die Form unseres Rückens, indem sie in Wechselwirkung mit den großen Streckmuskeln der Körperrückseite tritt. Zugleich gewährleistet oder hemmt der *Psoas* die Anmut unserer Gehbewegung.

Problem angehen. Er würde beispielsweise versuchen, die Struktur der beiden Hände anzugleichen, er würde dafür sorgen, daß die schwächere Hand von der stärkeren Hand lernt. Er würde seine Arbeit also nicht nur auf die Hand beschränken, in der das Problem manifest ist, und vielleicht sogar eine Lösung des Problems im Nacken und im Rücken des Musikers suchen. Die klassische Handwerksregel des Rolfers lautet: »Go where it ain't« – das heißt, arbeite dort, wo das Problem nicht manifest ist. In einer Rolfing-Sitzung würden die strukturellen Probleme der Musikerhand also möglichst aus sicherer Entfernung angegangen.

Wie hat sich das Problem der Hand im ganzen Organismus des Musikers manifestiert? Wie ist die Hand des Musikers mit dem Arm verbunden? Setzt sich diese Verbindung in der Art und Weise fort, in der Schultergürtel und Brustkorb verwachsen sind? Welche Rolle spielt der Rücken in dieser Konstellation? Wie stehen Brustwirbelsäule und Halswirbelsäule aufeinander? Schließlich würde der Rolfer den Bewegungsablauf des Musikers beobachten. Was geschieht mit dem ganzen Körper des Musikers, sobald er die kritische Passage spielt? Zeigt sein Atem Unregelmäßigkeiten? Bildet sich das Stocken im Bewegungsablauf der Hand als Stocken des *Atems* ab?

Falls der Rolfer in der Lage ist, einige dieser Fragen zu beantworten, so wird er eine klare Strategie entwickeln, um das Strukturproblem der Hand von außen einzukreisen. Er wird neben möglichst präziser Beantwortung der erwähnten Fragen seine Erfahrung und seine Intuition ins Spiel bringen, und er wird sich selbst immer wieder daran erinnern, daß jedes strukturelle Problem in sich einmalig ist und sich meist nicht durch Routine lösen läßt.

Nehmen wir einmal an, es gelingt, das strukturelle Problem der Musikerhand zu lösen. Die beiden Hände gleichen sich nun in der Stellung der Knochen zueinander, die Flexibilität der einzelnen Gelenke ist näherungsweise gleich, und der Musiker kann nun die anfangs erwähnte Fuge gleichmäßiger spielen, die Hände setzen die Impulse des Gehirns in der Weise um, in der es gestalterisch sinnvoll ist. Läßt sich dieser neuerworbene Zustand bewahren? Hält das Resultat, und ist die neugewonnene Bewegungskapazität von Dauer? Die praktische Erfahrung der letzten Jahrzehnte legt zweierlei Antworten auf diese Frage nahe. Eine Antwort bezieht sich auf das manipulative Geschick des Rolfers, die zweite Antwort hat mit der Bereitschaft zur Mitarbeit auf seiten des Musikers zu tun. Zunächst einmal muß sich der Rolfer vergewissern, ob es ihm tatsächlich gelungen ist, die einzelnen Elemente der Strukturschwäche der Hand im ganzen Organismus aufzuspüren. Jedes strukturelle Detailproblem ist über das *Fasziensystem* mit der Grundorganisation des einzelnen Menschen verbunden. Gelingt es, die Grundorganisation zu verbessern, so wird auch die Hand eine Chance haben, sich auf einen positiven Wandlungsweg zu begeben. Das Strukturproblem der Hand ist nur die sichtbare oder spürbare oder hörbare Schwachstelle des Puzzles, das der Organismus darstellt. Dauerhafter Wandel kann demnach nur durch eine und sei es noch so minimale Neuanordnung des Gesamtpuzzles geschehen. Andernfalls wird der verschobene Nacken, der angespannte Rücken dafür sorgen, daß die Hand wieder aus dem Gleichgewicht gerät: In diesem Fall ist das Resultat der Sitzung nicht dauerhaft. – Nun liegt die Verantwortung für all dieses Geschehen allerdings nicht nur in den mehr oder weniger feinfühligen oder gar brillanten Händen des Rolfers. Die Rolle des Musikers ist bei dem ganzen Unterfangen nicht zu unterschätzen. Die Frage ist nämlich, ob er bereit ist, die nötige innere Gelassenheit aufzubringen, um die Arbeit des Rolfers zu unterstützen, ob er innerlich bereit ist, sich auf eine sehr feine und zugleich intensive Arbeit einzulassen. Liegt er teilnahmslos auf dem Tisch, etwa mit der Einstellung »der Rolfer wird's schon richten«, so wird der strukturelle Wandel der Hand nicht von Dauer sein. Der Rolfer kann diesen Wandel ja nur anbieten, gleichsam wie ein Lehrer mit auf den Weg geben und dem einzelnen die Chance ermöglichen, den Wandel praktisch zu erfahren. Er kann dem Musiker helfen, seine Bewußtheit zu schulen, das Augenmerk darauf zu richten, ob er die neugewonnene Körperstruktur sinnvoll einsetzt. In diesem Sinne ist Rolfing ein pädagogisches System, und zum Unterricht gehören bekanntlich zwei.

Es ist an dieser Stelle vielleicht wichtig, darauf hinzuweisen, daß nicht alles, was im Rolfing geschieht, mit *Bewußtheit* zu tun hat. Bewußtheit ist ein wesentlicher Teil der Aufgabe, die wir uns im Rolfing stellen. Es geht sicherlich darum, die weißen Stellen auf der Landkarte unseres Körpers mit Leben zu füllen. Aber es kann auch sein, daß ein Teil der Arbeit unterhalb der Bewußtseinsschwelle vonstatten geht. Manchmal erfordert die Lösung diffiziler struktureller Probleme sogar, daß sich der Rolfer diesseits oder jenseits der bewußten Wahrnehmung in das strukturelle System des Körpers schwindelt. In solchen Momenten befindet sich der Klient eher im Zustand der Verwirrung als in dem der bewußten Wahrnehmung des Geschehens. Gerade dieses Moment der Verwirrung ist aber nötig, um die Neudefinition von Bewegungsabläufen möglich zu machen.

Der eine oder andere Leser des Buches mag sich an eigene Rolfing-Sitzungen erinnern. Wir stehen auf, die Beine bewegen sich irgendwie anders, wir können es auf keinen klaren Nenner bringen, wir fühlen uns gelöst und zugleich etwas wackelig und orientierungslos. Dieses Moment der Unsicherheit ist also durchaus sinnvoll, um das System der Kontrolle zu unterlaufen. Und wir könnten durchaus über die physiologischen Grundlagen dieses Sachverhalts spekulieren: Inwieweit wird unsere Bewegung vom Bewegungskortex des Großhirns bestimmt und in welchem Maß durch das jenseits des Bewußtseins arbeitende Kleinhirn (Cerebellum)? Welche Rolle spielen die Nervenzentren im Zusammenwirken von Cerebellum und Bewegungskortex?

Spekulationen zu diesem Thema führen uns nochmals zum Ausgangspunkt dieses Abschnittes zurück, der sich mit dem streitbaren Dialog zwischen *Ida Rolf* und *Moshe Feldenkrais* beschäftigte. Wir konnten feststellen, daß beide, was ihre westlich-wissenschaftliche Grundlage angeht, aus verschiedenen Richtungen kamen. Und wir haben nur kurz erwähnt, daß auch die östliche Quelle beider verschieden ist. Diese Unterschiedlichkeit kann Gemeinsamkeiten und Gegensätzlichkeiten erhellen. Wie bereits erwähnt, kam Ida Rolfs praktische Beschäftigung mit dem menschlichen Körper aus der Welt des Yoga.

Yoga beschäftigt sich bekanntlich mit bestimmten Körperpositionen nicht nur, um einzelne Segmente des Organismus ins Lot zu bringen. Es geht zugleich um ein energetisches Konzept und um die Stellung des Organismus im Kosmos. Die statischen Elemente des Yoga finden sich in gewisser Weise im Denken Ida Rolfs wieder. Die metaphysische Komponente (Stellung im Kosmos) hat sie, möglicherweise unbewußt, in ein westlich-wissenschaftliches Konzept umformulieren wollen. Das außerhalb des greifbaren Organismus liegende System heißt nicht mehr »Kosmos«, sondern vielmehr »Schwerkraft«, ein physikalisch diskutierbares Phänomen. Außerdem wird der umfassende metaphysische Begriff in der sozialen Dimension des Menschen konkretisiert.

Moshe Feldenkrais fand ebenfalls über eine Disziplin des Ostens den Weg zum menschlichen Körper. Er studierte *Judo* noch in der japanischen Tradition, wie sie heute nicht mehr leicht zu finden ist. Betrachten wir Arbeitsweise und Zielsetzung seiner Funktionellen Integration, so sind die Grundlagen in der alten Konzeption des Judo unverkennbar. Moshe Feldenkrais hat eine Reihe großartiger Texte über Judo geschrieben, die nicht nur Bedeutung für eine Kampfkunst haben.[23]

Er sah Judo im Kontext einer umfassenden Persönlichkeitsschulung des Menschen, jenseits des nur sportlichen Aspekts. »The essential aim of Judo is to teach, help and forward adult maturity, which is an ideal state rarely reached, where a person ist capable of dealing with the immediate present task before him without being hindered by earlier formed habits of thought or attitude.«[24] – »Das grundlegende Ziel des Judo besteht darin, den Reifungsprozeß unseres Erwachsenwerdens zu lehren, zu fördern und zu unterstützen. Dieser Idealzustand wird jedoch erst dann erreicht sein, wenn ein Mensch die Fähigkeit besitzt, sich mit den ihm gestellten Aufgaben unmittelbar auseinanderzusetzen, ohne durch alte Gewohnheiten des Denkens oder der Einstellung daran gehindert zu werden.«

Feldenkrais hat nicht ohne Humor die Kritik der Moralisten und Psychologen an der vermeintlich nur instinkthaften oder nur körperlichen Disziplin des Judo zurückgewiesen. »It is enough to see what they do when they fall, or when their security is threatened, or when other strong emotions are set up in them, to see that there are domains of human experience where there is room for further growth and development. Many seem to believe, with gratuitous assurance, that the control of emotions on a verbal plane or that intellectual understanding is emotional control in fact. There is no such thing as emotion without a

»Das grundlegende Ziel des Judo besteht darin, den Reifungsprozeß unseres Erwachsenwerdens zu lehren, zu fördern und zu unterstützen. Dieser Idealzustand wird jedoch erst dann erreicht sein, wenn ein Mensch die Fähigkeit besitzt, sich mit den ihm gestellten Aufgaben unmittelbar auseinanderzusetzen, ohne durch alte Gewohnheiten des Denkens oder der Einstellung daran gehindert zu werden.« (Moshe Feldenkrais)

body, a body without a nervous system, or a mind without a brain.«[25] – »Man braucht bloß zu beobachten, was sie beim Hinfallen tun oder was sie tun, wenn ihre Sicherheit herausgefordert wird oder wenn sich andere starke Gefühle in ihnen aufbauen, um festzustellen, daß es Bereiche des menschlichen Erlebens gibt, die Platz haben für ein Weiterwachsen und für weitere Entwicklung. Manche Menschen scheinen mit grundloser Zuversicht anzunehmen, daß das Beherrschen der Gefühle auf einer verbalen Ebene oder intellektuelles Verstehen bereits bedeutet, seiner Gefühle Herr zu sein. Es gibt jedoch keine Gefühle ohne Körper, keinen Körper ohne Nervensystem, keinen Geist ohne Hirn.« Feldenkrais stellt zusammenfassend fest, daß richtig verstandene Judo-Praxis eine geistige Neuorientierung darstellt, die einen Einfluß auf die psychische Disposition des Studenten hat.

Dieser Blickwinkel führt uns zu einer nicht von der Hand zu weisenden Gemeinsamkeit mit den Grundprinzipien des Rolfings zurück. Gewiß, Feldenkrais' Ausgangspunkt im *Judo* basiert auf einer sehr viel dynamischeren Konzeption seiner Funktionellen Integration als die vom *Yoga* geprägte Struktursicht der Strukturellen Integration Ida Rolfs. Aber es liegt eine große Gemeinsamkeit darin, daß beide Ansätze die Bedeutung unserer körperlichen Funktionstüchtigkeit und unserer strukturellen Ausgeglichenheit als einen wesentlichen Faktor der gesamten menschlichen Existenz erkannt haben.

Beiden Systemen geht es letztlich nicht nur darum, ob eine Bewegung ein wenig anmutiger ist oder nicht. Es geht auch letztlich nicht darum, ob wir mehr oder minder stark ausgeprägte O-Beine oder X-Beine haben. Es geht vielmehr darum, daß der Wandel der Bewegungsmuster oder der Körperstruktur eine umfassende Bedeutung für unser Leben hat.

Moshe Feldenkrais hat trotz aller konzeptueller Unterschiede auf diese Gemeinsamkeit verwiesen. Zum 80. Geburtstag schrieb er am 10. Juli 1976 an Ida Rolf: »Structural Integration and Functional Integration have more in common than the word that connects them. Indeed, in the case of humans, structure and function are meaningless, one without the other; so that when you integrate structure, as nobody else can, you improve functioning.«[26] – »Strukturelle Integration und Funktionelle Integration haben mehr gemeinsam als den beide verbindenden Begriff. Was den Menschen angeht, so ist Struktur nicht denkbar ohne Funktion und Funktion nicht ohne Struktur. Wenn Du in Deiner unnachahmlichen Art Strukturen integrierst, verbesserst Du gleichzeitig die Funktionsweise des menschlichen Körpers.«

Der versöhnliche Hinweis Feldenkrais' zum traditionsreichen Streit über *Struktur und Funktion*, über Rolfing oder Feldenkrais-Pädagogik, hat sich mittlerweile praktisch bestätigt. Jeder noch so subtile strukturelle Wandel des Körpers bleibt ohne die Fortführung der Impulse durch das Nervensystem sinnlos. Die völlig ruhig stehende Statue ist ja nur ein Testfall, regungsloses Stehen ist eine Idealisierung. Praktisch befinden wir uns immer im Fluß, und seien es auch noch so subtile Bewegungsabläufe. Die Struktur des Körpers liefert gewissermaßen nur den Rhythmus, in dem wesentliche Grundrelationen einzelner Körperabschnitte mit definitiver Häufigkeit wiederkehren. Das aufrechte Stehen ist die Testsituation für uns: Können wir ohne künstliche Anspannung dieses aufrechte Stehen bewahren? Können wir auch im Sitzen oder Liegen eine »innere Linie« für uns selbst und den Beobachter sichtbar machen, ohne uns krampfhaft anzustrengen?

Ähnlich stellt sich die Frage, sobald wir die statische Schematisierung verlassen. Es geht dann um das, was Feldenkrais den »aufrechten Gang« genannt hat. Ida Rolf hätte sein Bild wohl mit einem exakten mechanischen Bild verdeutlicht: Der aufrechte Gang ist nur möglich, wenn das Becken horizontal steht, wenn der Psoas an der Bewegung der Beine beteiligt ist und wenn die Knie wie von selbst nach vorne pendeln. Die Vorwärtsbewegung der Beine resultiert dann aus einem Loslassen im Rücken heraus und aus einem Loslassen der oberflächlichen Gesäßmuskulatur, während die Muskeln der Rotatoren in den tieferliegenden Schichten des Gesäßes die Bewegung ausgleichen. Dieser Gang ist ruhig, wird als Mühelosigkeit erfahren, wir sehen ihn, um ein altmodisches Wort des deutschen Idealismus zu gebrauchen, als Ausdruck von Anmut.

Viertes Kapitel:

Gibt es typische Fehlformen der Körperstruktur?

In unserer westlich-modernen Kultur scheint es hinsichtlich der Einstellung des Menschen zum eigenen Körper ein ganz allgemeines Prinzip zu geben, das ich vereinfachend mit dem Verhältnis von »innen und außen« benennen möchte. In der Fachsprache des Rolfings heißt das: das Verhältnis von »intrinsic structure« und »extrinsic structure«. Die Bezeichnung »intrinsic« wählen wir für das, was ganz innen im Organismus die Form bildet, mit »extrinsic« meinen wir die äußeren Elemente des Bewegungsapparates, vor allem die Muskulatur der Arme und Beine und die Muskulatur an der Oberfläche des Rumpfes.

Das für unsere Kultur typische Prinzip scheint darin zu liegen, daß wir den extrinsischen Elementen des Körpers, also den Schichten – vor allem natürlich den Muskeln –, die an der Außenseite unseres Körpers sichtbar sind, sehr viel Aufmerksamkeit widmen. Diese Aufmerksamkeit manifestiert sich in ganz unterschiedlichen Bereichen des Lebens, die oberflächlich betrachtet nichts miteinander zu tun haben oder expliziterweise gar nichts miteinander zu tun haben wollen. Sie manifestiert sich in der Sporterziehung der Jugendlichen ebenso wie im klassischen Ballett, im Hochleistungssport wie in ständig sich wandelnden Modeformen. Am deutlichsten kommt dies schließlich in den zahllosen Varianten des »Trimm-dich-und-sei-fit« zum Ausdruck. Es geht dabei darum, die äußere Erscheinung unseres körperlichen Bauwerks »straff, glatt und fest« zu machen.[27] Dabei scheint all diesen Versuchen ein bestimmtes Denkschema eigen zu sein, daß nämlich feste Muskulatur höhere Vitalität garantiere, daß wir unserem Körper etwas Gutes tun, wenn wir uns schwitzend und schnaufend mit anstrengenden Übungen beschäftigen. Das Ideal unserer Kultur ist demnach der muskelbepackte Mann, die keß den Po nach hinten streckende Frau, und das Schönheitsideal scheint in erster Linie damit zu tun zu haben, wie einzelne Oberflächenelemente aufbereitet sind. Es ist auffällig, daß die Harmonie des Ganzen, die Art, wie die Teile sich zu einem Ausdruck einer lebendigen und standhaften Person fügen, keine Rolle spielen. Diese Einstellung hat möglicherweise eine sehr lange Tradition in der Moderne. Der Körper ist nämlich für den Intellektuellen unserer Kultur gar nicht mehr der Gegenstand von Beobachtung, der er noch zu Schillers Zeit mit Begriffen wie »Anmut und Würde« war. Vielmehr gilt es seit dem neunzehnten Jahrhundert geradezu als dümmlich, sich mit unserer physischen Existenz in einem lebendigen Sinn zu beschäftigen. Und diese Beschäftigung hat dann auch ihre dümmliche Praxis gefunden. Es gibt nach diesem Schema nur einen Weg, sich mit dem eigenen Körper einzulassen, nämlich ihn als nebensächlich hinter die Welt der Musen und des Wissens zu stellen oder aber sich eifrig in seine Erziehung oder Dressur zu stürzen. In beiden Fällen liegt ein und dasselbe Einstellungsmuster zugrunde: Der Körper wird wie ein Haustier gehalten, das man zu bestimmten Anlässen spazierenführt, füttert und bürstet oder einfach in einem dafür eingezäunten Bereich hält.

Der Mensch taucht dann als verbissener Jogger um die gerade noch stehenden Wälder der Großstädte auf, er rennt mit angespanntem Kiefer und verzerrter Gesichtsmuskulatur durch die Gegend, er trägt bildlich gesprochen seinen Körper zu einem Übungsplatz, malträtiert ihn auf »langweiligen Geräten«, um ihn für einige Zeit zu gebrauchen und um dann wieder in den Zustand der Wahrnehmungslosigkeit zurückzusinken. Das gemeinsame Merkmal all der hier gemeinten Tätigkeiten ist das endlose Wiederholen derselben Übungen, die sogenannte Muskelstärkung und vor allem die Anstrengung. Daß Bewegung etwas mit Lebendigkeit zu tun hat, daß sinnvolle Übungen ein Ausdruck von Freude sein können, läßt sich bei der Art, in der die meisten Sportarten unterrichtet werden, nicht einmal mehr erahnen. Wenn wir den Muskelmann unserer Zeit prüfend betrachten, geht es allerdings nicht um eine Kulturkritik, die Vergangenes herbeiloben oder gar florierende Institutionen der »Leibeserziehung« unserer Kultur angreifen will. Es geht vielmehr darum, nach den grundlegenden Anschauungen zu fragen, die das erwähnte allgemeine Prinzip ausmachen, nach dem unser Körper geprägt wird. Und das allgemeine Prinzip samt seiner dazugehörigen Anschauungen soll hier auch nicht als gut oder schlecht bewertet werden. Es soll nur erörtert werden, inwiefern es den Körper in Widerspruch zu seiner Umgebung bringt, in unserem Fall also in Widerspruch zum Schwerefeld der Erde. Gibt es also allgemeine Anschauungen in unserer Kultur, die den Menschen, anstatt ihn in Frieden mit der Schwerkraft leben zu lassen, in ständigen Konflikt mit dieser physikalischen Größe bringen?

Um eine bessere Orientierung für diese Frage zu finden, müssen wir zunächst einmal typische Körperformen betrachten. Und wir müssen sie so betrachten, daß wir nicht nur auf ein paar Muskeln an der Außenseite blicken, sondern unsere Beobachtung auf die Bereiche lenken, die im Inneren des Organismus verborgen sind.

Wir haben bereits mehrmals darauf hingewiesen, daß die Stellung des Beckens grundlegende Bedeutung für unser statisches System hat. Mit Stellung des Beckens meinen wir die Relation des Hauptblocks unseres Körpers zum statischen Unterbau der Beine und Füße und zum Überbau des Brustkorbs, des Nackens und des Kopfes und der Arme. Es geht also um die räumliche Zuordnung der hier genannten Segmente zueinander.

Die Beckenstellung, die wir in unserer Kultur besonders häufig finden, ist die des nach vorne geneigten Beckens. Nach vorne geneigt heißt hier, daß der obere Beckenrand nach vorne gekippt ist und in dieser Stellung bleibt, auch wenn wir uns auf den Boden legen. Das Becken wird immer wieder in die beschriebene

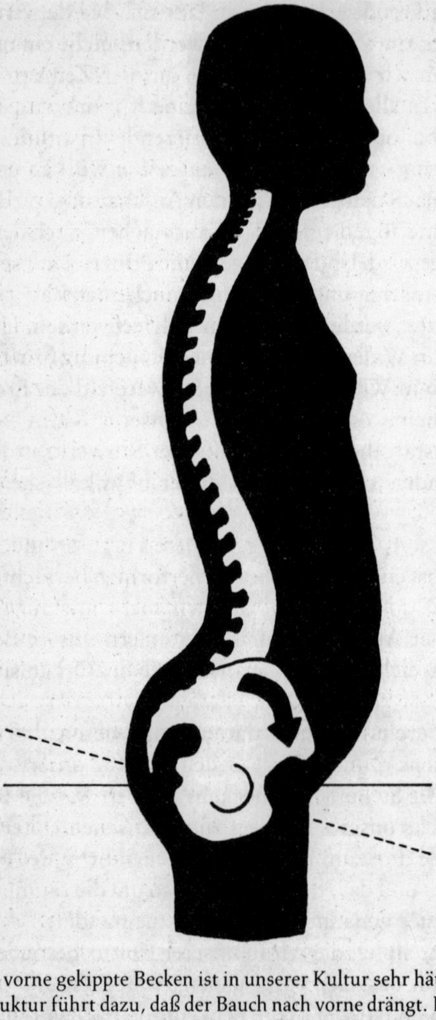

Das nach vorne gekippte Becken ist in unserer Kultur sehr häufig anzutreffen. Diese Struktur führt dazu, daß der Bauch nach vorne drängt. Der auf der Schemazeichnung sichtbare dicke Bauch ist auf die Stellung des Beckens zurückzuführen.

Stellung zurückpendeln, selbst wenn wir uns bemühen, durch Haltungskontrolle etwas anderes einzuüben. Der Grund ist darin zu suchen, daß zwar *Haltung*, nicht aber *Struktur* durch Kontrolle der äußeren Muskulatur bleibend verändert werden kann. Die Schichten, die unser Becken nach vorne kippen, sind nämlich nicht nur durch Vektoren bestimmt, die wir mit unseren äußeren Muskeln *(»extrinsic«)* erzeugen. Das Becken wird von einem komplexen Wechselspiel in seiner »chronischen« Position fixiert. Bei diesem Wechselspiel sind die tiefen *(»intrinsic«)* Muskeln sehr wichtig. Sie verlaufen im Inneren des Beckens, vor der Lendenwirbelsäule. Sie sind also gerade in diesem Bereich anzutreffen, der in der Antike noch als Sitz der Seele galt und in unserer Kultur so wenig Aufmerksamkeit findet. Und sie manifestieren sich im Wechselspiel einer Vielzahl von Muskeln, Bändern und Bindegewebsschichten, die die zahlreichen und massiven Knochenelemente des Beckens fixieren. Ein Teil der Bauelemente ist nicht im Becken selbst zu finden. Die Muskulatur der Beine, die Art und Weise, wie das Hüftgelenk funktioniert, sind wesentliche Komponenten, die die Position des Beckens mitbestimmen.

Das nach vorne geneigte Becken erzeugt häufig den Eindruck, als würde der Mensch einen dicken Bauch haben. In vielen Fällen hat dieser Eindruck aber gar nichts mit dem Übergewicht der Person zu tun. Die Neigung des oberen Beckenrandes nach vorne führt dazu, daß das Innere des Beckenraumes nach vorne drängt, daß sich die Bauchwand wölbt. Die Wirbelsäule wird notwendigerweise die Neigung des Beckens ausgleichen, das heißt eine stärkere Kurve im Bereich der Lendenwirbel zeigen und auch im Bereich der Halswirbelsäule eine ausgleichende Struktur fixieren.

Vor allem bei Männern sehen wir eine typische Struktur der Beine mit dem nach vorne geneigten Becken einhergehen: die nach außen gedrehten Beine und nach außen gestellten Füße. Falls diese Stellung als Struktur verfestigt ist, falls es nicht nur eine gelegentlich eingenommene Haltung ist, entstehen drastische Konsequenzen für das »Innensystem« des Körpers. Alles, was vor dem unteren Teil der Wirbelsäule, und alles, was im Inneren des Beckens liegt, hat mit der Tendenz zu kämpfen, nach unten zu sacken. Dies gilt nicht nur für die Muskeln, Bänder und Bindegewebsschichten, die wir schon angesprochen haben, dies gilt in verhängnisvoller Weise auch für innere Organe des Verdauungstraktes und des Urogenitalsystems. Die nach außen gestellten Beine und Füße fixieren die Tendenz des Unterkörpers, nach vorne und nach unten zu sacken, die Wirbelsäule beginnt den Zug nach unten mit zusätzlicher Krümmung auszugleichen. Der Schlüssel für den Wandel einer so gelagerten Struktur ist nicht in den dann verspannten Rückenmuskeln oder der Wirbelsäule zu suchen, sondern im Becken, das strukturell neu zu ordnen ist. Erst dann lassen sich die Folgeerscheinungen im Rücken an die veränderte Grundlage sinnvoll anpassen.

Die so häufig beobachtbare Neigung des Beckens ist mit der Bezeichnung *Hohlkreuz* deshalb gar nicht so treffend beschrieben. Wir sagen Hohlkreuz und lenken unsere Aufmerksamkeit damit auf ein Stück der Wirbelsäule, das meist nicht das strukturelle Kernstück der kritischen statischen Verschiebung ist. Das Hohlkreuz zeigt uns lediglich mit seinen instabilen Wirbeln, daß der viel massivere Beckenblock die Wirbelsäule in eine Krümmung nach vorne zwingt.

An diesem Beispiel wird wiederum das Prinzip unserer Betrachtungsweise deutlich: Wir sehen eine »lineare« Ursache des Hohlkreuzes in verkürzten Strukturen an der Vorderseite der Wirbelsäule, also im Bereich der Muskeln *Psoas* und *Iliakus*. Neben der linearen Komponente, neben dem klar beschreibbaren Vektor auf der Grundlage eines Muskelzuges wirken sehr viel komplexere Faktoren mit. Das Becken hat die Facetten eines Kaleidoskops. Es zeigt uns aus jeder Perspektive unterschiedliche Dimensionen. Es muß also nicht unbedingt eine »Entenhaltung« sein, es muß kein Babybauch oder Bierbauch mit untergestellten Watschelfüßen sein, was als Ausdruck der Strukturschwäche sichtbar wird. Die Bedeutung geht viel weiter, als es unsere humorvolle psychologische Typologie wissen will.

Die Theorie des Rolfings freilich schweigt sich über diese anspruchsvolle Bedeutung aus: Wir spekulieren gelegentlich über den Sitz der Seele und über das »im *Hara* sein und aus dem Hara leben« und halten uns ansonsten an unser praktisches Konzept, das zugleich das übergeordnete Ziel jeder Rolfing-Sitzung ist, nämlich das Becken in einem horizontalen Liniensystem so einzuordnen, daß es zur positiven Schlüsselstelle der Gesamtstatik wird. Wir haben dafür eine fast geometrische Regel gefunden, die ich gerne das einzige Dogma des Rolfings nennen möchte, das einzige Dogma deshalb, weil jenseits der von diesem Dogma definierten Grundordnung eine unendliche Strukturvielfalt des Menschen denkbar ist. Es lautet mit einfachen Worten: Die Spitze des Steißbeins und die Spitze des Schambeins befinden sich auf einer horizontalen Linie im Schwerefeld der Erde. Und die Spitze des Schambeins und die *Spina iliaca anterior superior* liegen auf einer vertikalen Linie.

Rolfing hat sich zur Aufgabe gestellt, den Raum, der von dieser horizontalen Linie durchmessen wird, besser erfahrbar zu

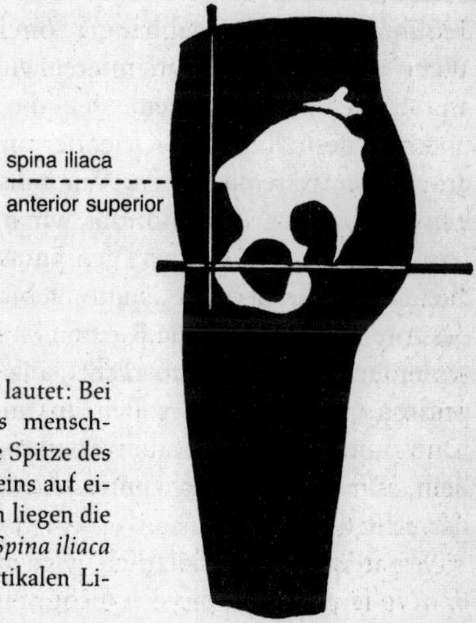

Das einzige Dogma des Rolfings lautet: Bei einer harmonischen Form des menschlichen Beckens befinden sich die Spitze des Steißbeins und die des Schambeins auf einer horizontalen Linie; zugleich liegen die Spitze des Schambeins und die *Spina iliaca anterior superior* auf einer vertikalen Linie.

machen. Das bedeutet, daß dieser Raum nach und nach durch unsere *Atmungsbewegung* belebt wird, daß er aus chronisch verhärtetem oder tonusarmem Zustand in einen Zustand des Gleichgewichts geführt wird. Das, was die östlichen Meister mit so schwer greifbaren Worten umschreiben, das »im *Hara* sein und aus der Mitte des Leibes leben«, scheint also durchaus eine Grundlage in lebendigem Fleisch und Blut zu haben.

Nun ist es allerdings nicht so, daß dieses so häufig in unserer Kultur zu beobachtende Becken die einzige Verschiebung darstellt, die mit diesem Körpersegment geschehen kann. Es sind nicht nur die Verschiebungen in der – wie die Anatomen sagen – sagittalen Ebene, die uns aus dem Gleichgewicht bringen. Wir können seitenlange Beschreibungen fertigen über all das, was mit unserem Becken im dreidimensionalen Raum geschieht. Und was wir mit dem nach vorne gekippten Beckenrand meinen, läßt sich seinerseits in eine Fülle von Elementen untergliedern. Ist es wirklich der obere Beckenrand, der nach vorne gekippt ist, d. h., sind es wirklich die beiden großen Schaufeln des *Iliums,* die sich nach vorne neigen? Oder ist es das *Sacrum* und die *Lumbalwirbelsäule,* die relativ unabhängig vom Ilium nach vorne drängen? Wenn wir so sprechen, orientieren wir uns an den Knochen, d. h. an relativ stabilen Bauelementen, die sich nur langsam wandeln und sich deshalb gut als Orientierungspunkte für die Schichten des Fasziensystems eignen. Wir müssen uns aber darüber im klaren sein, daß das Bild, das wir uns von Knochen machen, vom Gewebe eines Körpers geprägt ist, der nicht mehr lebt. Die Skelettzeichnungen der Anatomiebücher zeigen den Knochen des toten Menschen. Die Realität ist sehr viel dynamischer, flexibler und deshalb auch nicht ganz so klar in ein Schema zu pressen. Die Knochen sollen uns also nur tastbare Orientierungspunkte für eine Raumverteilung geben, die von der flexiblen Wechselwirkung unterschiedlicher Gewebetypen beherrscht wird.

Wie dem auch sei, letztlich erscheint der Mensch als Gestalt, d. h. in einer Form, die sich nicht in linear untergliedernde anatomische Einzelheiten bruchlos übersetzen läßt. Es ist eine ästhe-

Der »Gegentyp« des Hohlkreuz-Menschen ist nur scheinbar besser dran. Das nach hinten gekippte Becken zwängt den Rücken in eine steife Form.

tische Perspektive, die der Rolfer einnimmt, und somit darf er immer wieder vom Detail zur Form zurückkehren.

Lassen wir also das nach vorne geneigte Becken in all seiner prismenhaften Vieldeutigkeit stehen und wenden uns seinem »Gegenteil«, dem nach hinten gekippten Becken zu.

Diese Form ist in der westlichen Kultur nicht so häufig zu beobachten. Meist trügt das Erscheinungsbild über die Strukturschwäche der Wirbelsäule, die mit diesem Becken verbunden ist, hinweg. Wenn der obere Beckenrand nach hinten gekippt ist, sieht der Mensch manchmal aufrecht aus, solange wir ihn nur flüchtig betrachten. Dieses Aufrechtsein ist aber mit einem äußerst problematischen Übergang zwischen Kreuzbein und Lendenwirbelsäule erkauft: Die Wirbelsäule hat zuwenig Krümmung, das, was die Lendenwirbelsäule in leichter, flexibler Kurve zum Becken führen sollte, erscheint verkürzt in »eckigem« Übergang zwischen fünftem Ledenwirbel und Kreuzbein.

Dieser kritische Knick ist keineswegs eine bessere Alternative zum offenkundig verbogenen *Hohlkreuz*.[28] Denn bei jedem Schritt oder gar beim Heben und Tragen, also bei zahllosen Alltagsaktivitäten, fehlt die flexible Gewichtsverteilung durch die Wirbelsäule. Im Zwischenwirbelbereich, an den berüchtigten Bandscheiben, wirkt jede Bewegung mit einer stoßähnlichen Erschütterung. Dies läßt sich vor allem bei einem Rücken beobachten, dessen Wirbelsäule gerade wie ein Stock gehalten wird und nur an der kritischen Nahtstelle zwischen unterstem Lumbalwirbel und Kreuzbein einen Knick zeigt. Die Situation ist kritisch, weil dieser Knick nicht ohne weiteres ins Auge fällt. Die auf dem Kreuzbein liegenden Gewebeschichten sind aus dichtem und faserartigem Bindegewebe, das die Schwachstelle überlagert und verdeckt. So läßt sich für den strukturell ungeschulten Blick nur die Röntgenaufnahme beiziehen, um Aufschluß über die kritische Situation des unteren Rückens zu erhalten.

Wir kommen damit nochmals zu unserer ersten Definition einer ausgeglichenen Gesamtstruktur zurück, nämlich der Übergangsstelle zwischen fünftem Lendenwirbel und Kreuzbein. Wir hatten bereits darauf verwiesen, daß sich aufgrund der beiden Miniabschnitte im unteren Rücken Rückschlüsse auf den ganzen Bau des Körpers ziehen lassen. Und diese Rückschlüsse lassen sich nur deshalb ziehen, weil die genannte »Schaltstelle« in chronisch fixierter Form den Übergang zwischen Unterkörper und Oberkörper demonstriert. Der Rolfer kann an dem Verhältnis von Lendenwirbel und Kreuzbein erkennen, in welcher Weise ein Mensch auf seinen Füßen steht. Das heißt in unserer einfachen »geometrischen Sprache«, inwieweit der Bewegungsspielraum des Beckens von der Form der Beine und Füße eingeschränkt ist.

Normalerweise wird uns die Form unserer Beine und Füße nur dann bewußt, wenn wir schon als Kinder darunter zu leiden hatten, weil man uns wegen unserer O-Beine oder X-Beine gehänselt hat. Wir haben uns dann vielleicht als Teenager unseren eigenen Kleidungsstil zugelegt, um über das unglückliche Untergestell verhüllend hinwegzutäuschen. Das »Image«, das wir uns von unseren Beinen gemacht haben, das Bewußtsein »Ich habe O-Beine« oder »Ich habe Plattfüße«, trägt dann als feste Einstellung noch dazu bei, daß diese kritischen Abschnitte unseres Körpers zu einem Komplex werden, zu der Einstellung: »So ist es, und es kann nicht anders sein.«

Der Rolfer wird über das »Es-kann-nicht-anders-Sein« etwas vorsichtiger sprechen. Er weiß aus der Entwicklungsgeschichte des menschlichen Organismus, daß das Wachstum nicht nach der Pubertät aufhört, daß die Formen des Körpers ständig in Wandlung begriffen sind und daß es Tendenzen innerhalb dieser Wandlung gibt, die sich beeinflussen lassen.

Lassen sich also X- und O-Beine tatsächlich in ihrer »strukturellen Form« verändern? Die Veränderung struktureller Formen

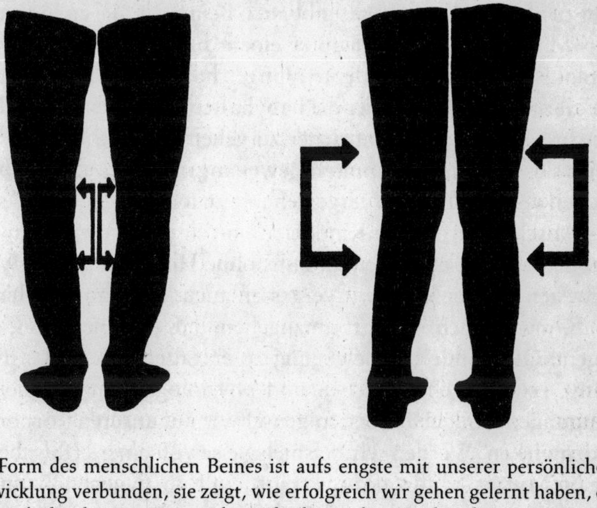

Die Form des menschlichen Beines ist aufs engste mit unserer persönlichen Entwicklung verbunden, sie zeigt, wie erfolgreich wir gehen gelernt haben, ob wir zu früh oder zu spät mit dem Gleichgewicht umgehen lernten.

Die eingezeichneten Pfeile verweisen auf die Hauptspannungsgebiete beim X- und O-Bein. Hauptspannungsgebiete manifestieren sich in Faszienschichten, die ihre natürliche Verschiebbarkeit, d. h. Gleitfähigkeit der Muskeln aufeinander, eingebüßt haben.

heißt ja nicht nur, daß etwa ein Muskel etwas dicker wird, daß wir Gewicht verlieren oder zunehmen, die Veränderung struktureller Formen heißt, daß sich die Art und Weise wandelt, in der die Bauelemente des Beines aufeinanderstehen, und wie sie sich in Bewegung zueinander verhalten.

Die Wandlung der Form der Beine war längere Zeit ein Spezialgebiet des Rolfings. Die meisten Strukturschwächen des Beines sind irgendwo mechanischer Natur. Sobald wir die Grundlage für eine bessere Mechanik um die Hauptgelenke schaffen, kann sich das Bein in seinem weiteren Wachstumsverhalten neu orientieren.[29]

In diesem Zusammenhang ist es wichtig, zurückzublicken und zu fragen, woher das O-Bein, woher das X-Bein oder woher die Plattfüße kommen. Häufig ist an der Form der Beine der Ausdruck einer bestimmten Altersstufe abzulesen. Es gibt Beine, die viel zu alt aussehen, aber es gibt auch Beine, die viel zu jung sind. Ein Mann mag vielleicht unter einem fülligen Oberkörper die schlaksigen Beine eines kleinen Jungen haben, eine Frau mag unter zierlichem Oberkörper die babyhaften Speckbeine eines Kindes haben, das gerade unsicher zu gehen beginnt. Und all dies zeigt sich auch in bestimmten Bewegungsmustern, die wir beim Gehen verwenden. Wir vergessen nur zu leicht, welch bedeutender Abschnitt in unserer Kindheit damit eingeleitet wird, daß wir auf eigenen Füßen stehen und uns ohne Hilfe anderer vorwärts bewegen können. Und wir vergessen auch, daß das Kind lernen muß, mit der Schwerkraft umzugehen, daß es lernen muß, eine eigene Ökonomie der Bewegung zu entfalten. Dieser Lernvorgang, seine psychologischen und physiologischen Rahmenbedingungen, scheint äußerst folgenschwer auf unseren Körperbau einzuwirken. Werden wir beispielsweise von einer erfolgsbesessenen Mutter ständig dazu verführt, zu früh zu gehen, kann der Übergang unserer Beinmuskulatur in das Becken sich nicht in der Form entwickeln, die dem anatomischen Bauplan entspricht. Jede vorzeitige Überbelastung kann die Entwicklung hemmen, jedes unterdrückte »Nach-draußen-Gehen« des Kindes kann mögliche Entwicklung einschränken.

Die Form unserer Beine und Füße ist also nicht nur ein angeborenes Schema, sie ist zugleich der Ausdruck einer gestörten Wachstumsmöglichkeit. Ein Plattfuß ist organisch sinnvoll, solange ein Kind nicht geht, das Fersenbein der meisten Babys ist leicht seitlich unter den darüber stehenden Knochen verschoben. Im sinnvollen Gebrauch der Beine und der Füße entwickelt sich dieses Muster aber in eine neue Richtung. Nun scheint es tatsächlich so zu sein, daß die Formen unseres Unterbaus zeigen, daß wir in einer bestimmten Phase unseres Wachstums steckengeblieben sind.

Ein Plattfuß ist also aus der Sicht des Rolfings kein zusammengesunkenes Fußgewölbe, es ist die Form eines viel zu jung gebliebenen Kinderfußes, der in seiner Form noch nicht voll zur Entfaltung gekommen ist. Rolfing will die steckengebliebene Entwicklung wieder in Gang bringen. Das Resultat der Arbeit an den Füßen zeigt sich demzufolge auch nicht unmittelbar nach einer Sitzung, es kann sich erst im Laufe der Zeit einstellen, erst dann, wenn der sinnvollere Gebrauch des Fußes die Bänder und Sehnen, die die Knochen an ihrem Ort halten, an ein neues Muster gewöhnt. Und ein Plattfuß ist natürlich sehr viel schwieriger zu beeinflussen als ein zu hohes Fußgewölbe.

Rolfing-Klienten berichten immer wieder, daß sie nach einiger Zeit größere Schuhe brauchen. In solchen Fällen handelt es sich darum, daß sich der Fuß erst aus einer verkrampften Form heraus entwickelt und öffnet. Dieser Vorgang läßt sich sehr viel einfacher fördern als die Struktur des Plattfußes, denn letzterer braucht ja die innere Konstruktion des Gewölbes, jener dreifachen »Federung« unseres Ganges, die wir bereits als äußeren, inneren und transversalen Bogen des Fußes kennengelernt haben.

Das Kapitel der Füße und Beine führt uns zu einem Aspekt, der bei so viel Bezugnahme auf das optische Erscheinungsbild der Füße etwas zu sehr in den Hintergrund getreten ist. Wir haben immer wieder darauf hingewiesen, wie sich die »räumliche Verteilung« der einzelnen Körperabschnitte neu gestalten läßt. Wir haben dabei aber wenig davon gesprochen, daß jede neue Verteilung auch Konsequenzen für die Qualität des Gewebes und den Tonus der Muskulatur hat. Zu Anfang unserer Erörterung konnten wir sehen, daß der Rolfer seinen Klienten betrachtet, daß er aber auch immer wieder das mit dem Auge Gesehene von seinem Tastsinn korrigieren bzw. bestätigen läßt. Es gibt Rolfer, die vor allem mit ihren Augen sehen, und es gibt solche, die mit ihren Händen »sehen«. Letztere können manches berichten, was auf unseren Bildaufnahmen der *Körperstruktur* vor und nach den Sitzungen nicht zu sehen ist. Und die Beine lehren uns hierfür ein besonders anschauliches Kapitel. In den Beinen ist nämlich eine bedeutungsvolle Variante des Antagonismusmodells zu beobachten. Wir haben mit diesem Modell das ausgeglichene Spannungs- oder besser Wohlspannungsverhältnis von Beuge- und Streckmuskeln beschrieben. Es gibt Schichten oder auch Muskelgruppen, deren Funktion nicht lückenlos in diesem Modell aufgeht. Die Beine liefern uns, wie gesagt, eindrucksvolles Anschauungsmaterial. Wenn beispielsweise an der Seite eines Oberschenkels allzu dicke Fettpakete ihr Leben fristen, wenn die Innenseiten (im Bereich der Adduktorengruppe) eines Beines völlig weich sind und die darunter verborgenen Gelenke trotzdem gar nicht »weich« funktionieren, ist das ein Hinweis darauf, daß unser Antagonismusmodell auch für das plastische Wechselspiel von Gewebetypen Gültigkeit hat, die sich nicht so klar in unser Muskelschema einordnen lassen.

Die allzu weiche Ablagerung, das Fettpolster an der Seite des Oberschenkels, das manchmal gar, nachdem die Schlankheitskur nichts brachte, das Messer der Chirurgen lockt, kommt nicht von ungefähr. Wenn der Rolfer mit seinem Tastsinn zu »sehen« vermag, wird er in diesem Fall unter den wäßrigen Fettpolstern eine Schicht finden, die sehr wenig Flüssigkeitsaustausch im Zellverband garantiert, eine zementartige Schicht, die gewissermaßen die Kehrseite des Oberflächenaspekts bildet. Die Tiefenschicht hat ein plastisches Element aus seiner Position gezogen und das Fett an einer Stelle fixiert, an der es zumindest vom ästhetischen Standpunkt her gar nicht hingehört. Ein Stück

»Hintern« hat sich in einen zusätzlich seitlich gelagerten Oberschenkel verwandelt.

Ganz ähnlich verhält es sich zuweilen auch mit der erschlafften Innenseite des Oberschenkels. Unter der sich wäßrig anfühlenden Oberfläche verbirgt sich nur allzu oft eine Muskelgruppe, die ganz entgegen der zu weichen Oberfläche an ihren Ansatz- und Endpunkten erstarrt ist und sich in ihren mittleren Abschnitten (im Muskelbauch) so anfühlt, als wäre sie von faserigen Gitarrensaiten durchsetzt. Daß sich all dies von erfahrenen Händen ertasten läßt, daß es dem auf dem Tisch liegenden Klienten spürbar gemacht werden kann, erklärt vielleicht, warum die Begründerin des Rolfings noch nach ihrem 82. Lebensjahr – fast erblindet – nichts von der brillanten Hellsichtigkeit verlor, die sie ursprünglich im Umgang mit Menschen so berühmt gemacht hatte.

Unsere Hypothese lautet in diesem Zusammenhang also: Es gibt nicht nur ein Wechselspiel, ein Gleichgewicht der *Beuge- und Streckmuskeln,* es gibt auch ein Wechselspiel und ein Gleichgewicht all der räumlichen Elemente, die unserem Körper seine ästhetische Form geben, ohne daß sich diese Elemente in eine eindeutige Muskelaktivität eingrenzen ließen. Wir befinden uns damit wieder auf dem »anarchistischen Feld« des Bindegewebes, das sich zwar funktionell umschreiben, aber nicht schematisch für jeden Menschen nach gleichem Muster als anatomische Landkarte zeichnen läßt.

Und in mancherlei Hinsicht läßt sich unsere Hypothese vom Gleichgewicht und Wechselspiel einzelner Schichten sogar auf größere Formeinheiten des Körpers übertragen. Wir betrachten damit einzelne Segmente des Körpers, ganze »Blöcke« unseres Körperbaus, sofern sie sich in ihren Proportionen miteinander vergleichen lassen. Das Becken, das wir schon in seiner Beziehung zu den Beinen betrachtet haben, liefert hier im Vergleich mit dem Oberkörper gutes Anschauungsmaterial. An dieser Stelle können wir noch mal auf die Statuen der altägyptischen und frühgriechischen Zeit zurückkommen. Die Darstellung des menschlichen Körpers ist in fast allen Kunstwerken dieser Epochen darauf bedacht, die Proportionen in einem bestimmten ausgewogenen Verhältnis zu halten. Becken und Brustkorb stehen in ihrem Volumen in einem ausgeglichenen Verhältnis.

Das kulturelle Idol unserer Zeit steht jedenfalls hinsichtlich der Männlichkeitsvorstellungen in krassem Widerspruch zu den alten Proportionen. Mit einiger Regelmäßigkeit kehrt das Bild vom »starken Mann« im 20. Jahrhundert wieder, das nur manchmal vom Idol des »Softies« abgelöst wird. Der »starke Mann« hat breite Schultern, ein schmales Becken, einen voluminösen Oberkörper und einen engen Unterleib. Nun wäre gegen den breiten Oberkörper gar nichts einzuwenden, wenn er in seiner Breite von der Gesamtstruktur getragen würde. Allzu oft ist er aber nur ein Ausdruck falsch verstandener harter Trainingsmethoden, die den inneren Bau des Rückens und der atembewegenden Muskulatur sehr nachteilig beeinflussen. Die Frage ist also, ob wir einen Oberkörper haben wollen, der eine reibungslose Atmungsfunktion im oberen und unteren Teil des Rumpfes gewährleistet, oder ob wir einem äußerlichen Idol huldigen wollen. Das äußerliche Idol wird häufig dadurch erkauft, daß die Schulterblätter des Mannes weiter auseinandertreten, daß der untere Rücken sich insgesamt verkürzt und der Mensch aufgeblasen wirkt und tatsächlich unbeweglich ist. Die vermeintlich sportliche Erscheinung ist begleitet von einem in Muskelpaketen eingeschnürten Nacken, von Armen, die vor lauter falscher Kraft nicht mehr gelöst von den Schultern hängen können, und Muskeln, die in starre Bindegewebshüllen eingepackt sind.

Die Starrheit der Bindegewebshüllen trägt dazu bei, daß tiefe Atmung nur mit schwerfälligen Bewegungen möglich ist: Die Schultern werden dann beim Einatmen nach oben gezogen, statt auseinanderzuweichen, der Oberkörper bläht sich nach vorne, statt gleichzeitig eine Öffnung der Seiten und des unteren Rükkens zu erlauben. Und diesem Zustand ist durch Kraftübungen nicht leicht beizukommen. Jede übermäßige Kraftübung, das endlose Hantieren mit Gewichten bewirkt das Gegenteil dessen, was wir mit Rolfing anstreben. Statt innerer Öffnung und

Unsere Kultur hat recht eigentümliche Bilder von »Stärke« hervorgebracht: der Körper als verschnürtes Paket.

Gleichgewichtsfindung wird der Organismus in ein Korsett aus unsensitiven Gewebehüllen gezwängt. Falsch verstandenes »Krafttraining« kann dann recht merkwürdige Folgen haben. Es wird nämlich den Tonus der Muskulatur, die vorhandene Grundspannung, erhöhen und damit in den Bereichen, in denen sowieso schon strukturelle Verschiebungen vorhanden sind, zusätzliche Kompression schaffen.

So wird beispielsweise ein Gelenk, das sich aus verdrehten Knochen zusammensetzt, weiter unter Druck geraten und unter Umständen schneller Abnutzungserscheinungen zeigen als ein Gelenk, das bei gleichen Bedingungen von einer Muskulatur gehalten wird, die eine natürliche, ausgeglichene Grundspannung aufweist.

Wir sehen in diesem Zusammenhang wiederum, daß die Philosophie des Körpers in unserem Sinn in mancherlei Widerspruch zu Sporterziehung und Trainingsmethoden der modernen Kultur steht.

Ida Rolf ist nach langer Beobachtung der physischen Seite unserer Existenz zu der Auffassung gelangt, daß jede Form von körperlicher Aktivität zunächst eine gute strukturelle Grundlage benötigt. Auf der Basis einer guten strukturellen Grundlage, das heißt dann, wenn die Bauelemente des Körpers eine ökonomische Grundlage der Bewegung liefern, läßt sich mit dem Körper fast alles anstellen, möglicherweise wird aber schon die Fülle der kleinen Alltagsaktivitäten genügen, um seine Vitalität zu erhalten.

Sobald wir auf die strukturellen Gesichtspunkte keine Rücksicht nehmen, laufen wir Gefahr, unsere Schwächen ins *Bindegewebe* »einzuzementieren«. Harte Trainingsmethoden auf eine verschobene Struktur anzuwenden ist etwa so, wie wenn wir auf ein baufälliges Bauwerk von außen immer mehr Mörtel auftragen. Der Mörtel wird die inneren Verschiebungen vielleicht verdecken, er wird sie aber auch verfestigen und dauerhaft konservieren und jedenfalls keinen inneren »Umbau« ermöglichen.

Aus dieser Sicht wäre manches in der Bewegungserziehung unserer Kultur neu zu überdenken. Und es ist sicherlich nicht nur eine Modeerscheinung, daß die alternativen Konzepte in den letzten Jahren mehr und mehr Interesse fanden. Es gibt offenbar eine immer größere Anzahl von Menschen, für die der eigene Körper nicht mehr nur eine leidige Nebenerscheinung des sogenannten geistigen und kulturellen Lebens ist. Ein derartiges Bewußtsein knüpft an die besten Traditionen des Ostens an, also jener Kulturen, für die die Auseinandersetzung mit der physischen Manifestation zugleich Teil der geistigen Erziehung ist. Ein derartiger Einstellungswandel innerhalb der modernen Zivilisation könnte nachhaltige Folgen für unser Gesundheitssystem haben. Denn es geht bei der positiv gestaltenden Auseinandersetzung mit unserer körperlichen Erscheinung ja vor allem auch um Selbstverantwortung. Um Selbstverantwortung in dem Sinn, daß wir selbst handelnd in unseren Tageslauf, in den Umgang mit uns selbst eingreifen können. Ein größerer Gegensatz zu den eingefahrenen Mustern der Gesundheitsbetreuung der Industrienationen läßt sich kaum denken. Die moderne westliche Welt hat geradezu unglaubliche Höchstleistungen für die medizinische Versorgung akuter Probleme geleistet. Es ist unglaublich, was die Medizin leisten kann, sobald es um Unfall oder akute Versorgungshilfe geht. Aber auf den Gebieten der chronischen Leiden, im Bereich der Selbststeuerung des Organismus mit all seinen selbstzerstörerischen Tendenzen gelangt ein hochspezialisiertes Untersuchungsverfahren oft nicht über momentane Symptomunterdrückung hinaus. Dem Patienten wird dabei nur allzu oft die Rolle eines unmündigen Opfers zugeschoben, in der er dann gefälligst das anzunehmen hat, was schulmedizinisch oder gar »rechtlich« angemessen erscheint.

Es geht bei diesen Hinweisen nicht um eine Kritik an schulmedizinischer Praxis, wie sie wiederholt in den letzten Jahren aus unterschiedlichsten Ecken vorgebracht wurde. Es geht eher darum, Hinweise darauf zu geben, daß auch die Art und Weise, wie wir mit unserem Körper oder gar mit unseren Krankheiten umgehen, sehr eng mit dem kultur- und sozialgeschichtlichen Rahmen verbunden ist, in dem wir leben.[30]

Bekanntlich war im alten China der Arzt in erster Linie für die Erhaltung der Gesundheit zuständig und nicht für die Bekämpfung oder »Pflege« der Krankheiten. Das heißt, daß der Vorsorge ein größerer Raum eingeräumt wurde, als das heute in unserer modernen Welt üblich ist. Bezeichnenderweise ist die weitverbreitete Form der Vorsorge in unserer Welt eine »Vorsorgeuntersuchung«. Wie nötig und sinnvoll derartige Maßnahmen sind, soll hier nicht diskutiert werden. Wir werten einen derartigen Sachverhalt lediglich als Hinweis darauf, daß wir uns auf die genaue Feststellung, auf die Namensgebung spezialisiert haben, und das gerade auch dann, wenn sich die Kunst der Auseinandersetzung mit der Krankheit in der wissenschaftlichen Namensgebung erschöpft. Im Westen, soll ein großer chinesischer Arzt einmal gesagt haben, behandeln sie dich wie ein Auto: Wenn etwas nicht mehr funktioniert, nehmen sie dir ein Teil heraus. Nun mag diese »Teilperspektive« in manchen Fällen zum einzig gangbaren Weg führen, sie kann aber manchmal auch dazu führen, daß der Gesamtzustand des Menschen aus den Augen verloren wird.

Es gibt hierfür ein ganz einfaches Beispiel, das sich in der täglichen medizinischen Praxis ständig wiederholt. Sobald ein Schaden am Muskel- oder Knochensystem auftritt, wird in der Nachbehandlung an medizinischen Hilfsdienste gedacht. Die Patienten werden nach fachmedizinischer Behandlung also zur Krankengymnastik oder Massage geschickt. Falls der Patient eine Organbehandlung oder einen chirurgischen Eingriff hinter sich hat, wird in den allerwenigsten Fällen daran gedacht, daß dieser Bereich in engster Verbindung mit dem Muskel- und Knochensystem steht.

Eine einseitig herausgenommene Niere mag beispielsweise nachhaltige Konsequenzen für das Struktursystem des unteren Rückens haben, ein unter dramatischen Umständen herausgenommener Blinddarm wird nicht ohne Einfluß auf die tiefliegenden Schichten des Bauches sein, die die Stellung der Lendenwirbel mitbestimmen. In den wenigsten Fällen wird dabei der vorliegende Zusammenhang gesehen. Das Spezialwissen in Teilgebieten hat sich so weitgehend verselbständigt, daß der Überblick über den Gesamtzustand, über den Ort, an dem der Mensch jetzt lebt, verlorengegangen ist. Nun läßt sich allerdings die Faszination, die von diesem Spezialwissen ausgeht, nicht ohne weiteres entkräften. Wir können nicht einfach behaupten, daß alles mit allem zusammenhängt, daß wir ganzheitlich arbeiten, ohne genau über unsere Arbeitsweise Aufschluß zu geben. Wir geraten sehr leicht in ein Dilemma, das sich am besten dadurch kennzeichnen läßt, daß auf der einen Seite überaus vage ganzheitliche Heilmethoden oder auch Übungssysteme angeboten werden, auf der anderen Seite aber ein äußerst detailliertes diagnostisches Wissen einer hochspezialisierten Medizin zur Verfügung steht und daß zwischen beiden Seiten sehr wenig Dialog stattfindet. Ein derartiger Dialog wäre aber für den Klienten das, was von beiden Seiten, der alternativpädagogischen oder alternativmedizinischen Seite einerseits und der schulmedizinischen Seite andererseits dringend nötig wäre. Es ist für den einzelnen Menschen nämlich nicht von so großer Bedeutung, ob etwas »alternativ« ist oder ob etwas von höchsten Autoritäten einer wissenschaftlichen Disziplin positiv begutachtet wird.

Aus meiner eigenen Geschichte fällt mir ein Beispiel ein, das sich gut zur Illustration des soeben Gesagten eignet. Während der Grundserie des Rolfings, die ich vor vielen Jahren erfahren durfte, bemerkte ich, daß etwas sehr Eigentümliches mit meinen Zähnen geschah. Ich hatte über den Zeitraum von mehreren Wochen das Gefühl, daß meine Zähne anfangen auseinanderzurücken, d. h., daß einzelne Zähne, die leicht seitlich übereinandergeschoben waren, mehr Raum fanden, um nebeneinanderzustehen. Ich muß offen gestehen, daß mich dieses Geschehen zunächst etwas verunsichert hatte. Ich war davon ausgegangen, daß meine Zähne in ihrer Form und in ihrer Stellung das vielleicht härteste Element meines Organismus sind. Und tatsächlich sind die Zähne ja das härteste Element des Organismus. Ich war mir nicht bewußt, daß dieses härteste Element in einer äußerst lebendigen Wechselwirkung mit einem sehr weichen Element unseres Körpers steht, dem Bindegewebe und der Art und Weise, wie das Bindegewebe die Struktur unseres Zahnfleisches und der Kiefermuskulatur beeinflußt. Für einen Zahnarzt mögen Beobachtungen dieser Art keineswegs außergewöhnlich klingen. Er weiß, daß die Aktivität des Kiefers, daß Kaubewegung und vor allem auch Aktivität der Zunge die Stellung einzelner Zähne, die Form des ganzen Gebisses wandeln können.[31] Das Beispiel der Zähne macht uns nochmals darauf aufmerksam, daß nicht alles im Organismus so läuft, wie es unseren Vorstellungen entspricht. Mancher Leser mag sich an seine eigenen Zahngeschichten erinnern. Da gibt es das bekannte »Knirschen«. Ein Mensch hat Schwierigkeiten in seinem Leben, er befindet sich permanent unter Streß, eines Tages wacht er morgens mit schmerzhaft verspannten Kiefergelenken auf. Der Zahnarzt stellt fest, daß die Zähne durch Knirschbewegungen beschädigt sind. Der Mensch hat offenbar etwas zu beißen, er kommt irgendwo in seinem Leben nicht weiter, und es stellt sich heraus, daß der Kiefer ein Bereich ist, der äußerst anfällig für seelische Spannungen ist. Die Zahnärzte sprechen dann gerne von einem »multikausalen Geschehen«. Das heißt, sie sehen eine Reihe von ganz unterschiedlichen Gründen, die die Knirscherei verursachen. Da können neben den seelischen Faktoren auch Fehlstellungen innerhalb des Kauorgans eine Rolle spielen. Die Zahnärzte sind heute in der Lage, Unregelmäßigkeiten des Bisses, das heißt Unregelmäßigkeiten in der Art und Weise, wie die Zähne aufeinanderstehen, bis zu einem Zehntel Millimeter genau zu vermessen. Was können wir angesichts einer derart genauen Vermessung unserer Kaubewegung aus der Sicht des Rolfings sagen? Wir können darauf hinweisen, daß strukturelle Fehlformen in diesem Bereich keineswegs losgelöst vom Gesamtsystem des Körpers zu sehen sind. In welcher Verbindung steht ein schiefstehender Kiefer mit dem Nacken? Wie sieht die Verbindung von Kiefergelenk und Schädel aus? Haben wir den Eindruck, daß der Kiefer am Schädel festgebunden ist, oder sieht es so aus, als wäre der Kiefer eher mit der Rückseite des Nackens verbunden? Und schließlich könnten wir noch sehr viel übergreifender fragen, wie der Kiefer, wie unsere Bißebene im Verhältnis zu den anderen horizontalen Linien unseres Körpers steht. Diese anderen horizontalen Linien sind beispielsweise auf der Höhe unseres Schlüsselbeins zu finden, auf der Höhe unseres Zwerchfells und im Beckenboden. Der Leser mag sich fragen, was wir mit derartigen Bezügen anfangen sollen. Was haben die Einzelheiten unseres Kiefers mit der allgemeinen Struktur unseres Körpers zu tun?

Rolfing vertritt die Auffassung, daß selbst das kleinste Detail unseres Organismus in einer Wechselwirkung mit der »Gesamtform« steht. Unser Kiefer ist ein gutes Beispiel für ein derartiges Detail. Es gibt eine ganze Reihe von Einzelheiten, die manchem Leser auch aus der eigenen Erfahrung bekannt sein dürften.

Unser Nacken ist auch ein gutes Beispiel. Ähnlich wie der untere Rücken scheint der Nacken die Stelle zu sein, die in unserer modernen Zivilisation sehr ungünstig belastet wird. Die meisten von uns wissen, daß der Nacken ähnlich wie unsere Kiefermuskulatur anfällig für psychische Spannungen ist. Es geschieht nur allzu oft, daß sich bei einer emotionalen Auseinandersetzung einzelne Muskelschichten in diesem Bereich versteifen. Vielleicht rutscht sogar ein Wirbel aus seiner Position, und wir entwickeln das, was die Orthopäden ein Halswirbelsyndrom nennen. Und es sind natürlich nicht nur die psychischen Belastungen, die Unordnung in unserem Nacken schaffen. Manchmal genügen ein paar falsche Bewegungen, um Unheil anzurichten. Falsche Bewegungen sind, wie wir bereits gesehen haben, Bewegungen, die unökonomisch sind, die unseren Organismus unnötig belasten. Wenn wir beispielsweise eine schwere Kiste hochheben und wenn unsere Arme die Schultern mit nach vorne ziehen, wird der mittlere Abschnitt des Nackens nach vorne gedrängt. Wenn wir eine Hand aufheben und über den Arm das ganze Schulterblatt mitziehen und wenn wir diese »falsche« Bewegung häufig ausführen, kann sich eine äußerst unangenehme Verschiebung einstellen. Der Nacken zeigt uns, daß der richtige Gebrauch unseres Organismus sehr wichtig ist. Vielleicht ist der Nacken tatsächlich, wie Moshe Feldenkrais meint, eine zentrale Schaltstelle des ganzen Organismus. Feldenkrais behauptete, daß der Nacken ganz wichtig für unsere Kreativität und Vitalität ist. Angeblich konnte er beobachten, daß Menschen mit ausgesprochen großen kreativen Fähigkeiten eine feine Differenzierung des Nackens besitzen. Demnach wäre es also äußerst bedeutungsvoll für unsere ganze Person, ob wir in der Lage sind, unseren Nacken frei und reibungslos zu bewegen.

Wir versuchen in den zehn Standardsitzungen des Rolfings, diesem Umstand Rechnung zu tragen, indem wir jeweils am

Ende der Sitzung am Nacken arbeiten. Und wir achten auf die vielfältigen Verbindungen des Nackens, darauf, daß der Nacken »nicht nur im Nacken sitzt«. Damit sind wir nochmals bei unserer Frage: Gibt es typische Fehlformen der Körperstruktur? Viele von uns werden antworten, in meinem Nacken oder in meinem unteren Rücken spüre ich eine Fehlform der Körperstruktur. Aus der Sicht des Rolfings ist diese Aussage nicht ganz korrekt. Denn das, was wir an diesen kritischen Stellen spüren, ist in vielen Fällen lediglich ein Alarmsignal dafür, daß etwas am Gesamtzusammenhang nicht in Ordnung ist. Die strukturellen Schwachstellen im Nacken oder im unteren Rücken, die so viele von uns spüren, wird der Rolfer also nicht »behandeln«. Er wird vielmehr versuchen, die Gesamtstatik der Körperstruktur so zu beeinflussen, daß der Mensch in der Lage ist, mit den kritischen Ecken seines Organismus anders umzugehen. Der Rolfer wird also Fehlformen der *Körperstruktur* nicht »heilen«. Er wird weder den kritisch verbogenen Nacken kurieren, noch das verschobene Kreuz im unteren Bereich unseres Rückens. Er wird lediglich dafür sorgen, daß die kritischen Stellen unseres Körpers einen besseren Platz im Gesamtzusammenhang finden. Ida Rolf hat immer wieder behauptet, daß ihre Schüler keine Therapeuten sind. Nicht der Rolfer, sagte sie, sondern die *Schwerkraft* ist der Therapeut. Der Rolfer sorgt dafür, daß die einzelnen Abschnitte des Körpers in einer funktionell sinnvollen räumlichen Anordnung zueinander stehen, und dann kann die Schwerkraft so auf den Organismus wirken, daß sich kritische Zonen allmählich stabilisieren.

Es kann nicht oft genug betont werden, daß diese physikalische Größe der Schwerkraft ein ständiger Einflußfaktor für die positive Gestalt oder die Fehlform unseres Körpers ist. Wir werden also nicht nur von unseren Alltagsgewohnheiten, von unseren Bewegungsformen und unseren Gefühlen geformt, wir unterliegen ständig dem Einfluß der Gravitation. Erst kürzlich ließ sich dafür ein anschauliches Beispiel finden. Wissenschaftler konnten eine mathematische Formel finden, mit deren Hilfe sich eine bestimmte Form des menschlichen Schädels einem bestimmten Altersabschnitt zuordnen läßt.[32] Unter Zuhilfenahme einer grafischen Darstellung, die durch Computerzeichnung gewonnen wurde, gelang es, in 98% der getesteten Kopfformen eine richtige Zuordnung zum Alter zu erstellen. Es scheint demnach eine ganz typische Form unseres Schädels für ein bestimmtes Alter zu geben. Die Wissenschaftler nehmen an, daß diese Form durch den Einfluß der Schwerkraft auf den Schädel hervorgerufen wird.

Wir sehen also auch an diesem Beispiel, daß selbst stabilste Elemente unseres Körpers, wie beispielsweise die Knochen unseres Kopfes, dem formenden Einfluß physikalischer Kräfte unterliegen. Und dieses Beispiel liefert auch wichtiges Anschauungsmaterial für die Unterscheidung von *Haltung* und *Struktur*, die wir bereits ausführlich besprochen haben. Struktur scheint uns buchstäblich in den Knochen zu sitzen. Die Form unseres Kopfes wird nicht nur von den Kräften unserer mimischen Muskulatur beeinflußt, sie hat nicht nur mit unserem Gesichtsausdruck zu tun und damit, ob wir gut oder schlecht aufgelegt sind, sondern offenbar auch damit, wie die Schwerkraft an den relativ stabilen Elementen, den Bauelementen unseres Schädels, ansetzen kann.

Es könnte gut sein, daß sich das Bild, das wir traditionellerweise von unserem Körper haben, in nächster Zeit wandelt. Die Erfahrungen, die mit Rolfing in den letzten Jahrzehnten gemacht wurden, legen manche Modifikation nahe. Die Wirbelsäule würde dann nicht mehr als Säule gesehen, sondern als Element einer »Tensegrity«-Struktur. Das Stichwort »Tensegrity« kommt aus der modernen Architektur und bezeichnet Bauformen, die sich aus einer Kombination fester und flexibler Elemente zusammensetzen.

Und selbst das Bild, das wir uns von unserem Schädel machen, könnte sich als revisionsbedürftig erweisen. Die Knochen unseres Kopfes sind nicht in jener unbeweglichen Form erstarrt, wie man sie in unseren Lehrbüchern abgebildet findet. Wir haben bereits gesehen, daß der Schädel sich wie alle Elemente des Körpers im Lebensprozeß wandelt. Aber es gibt da noch eine andere Dynamik: Die Membranen, die unser Gehirn einhüllen, die den

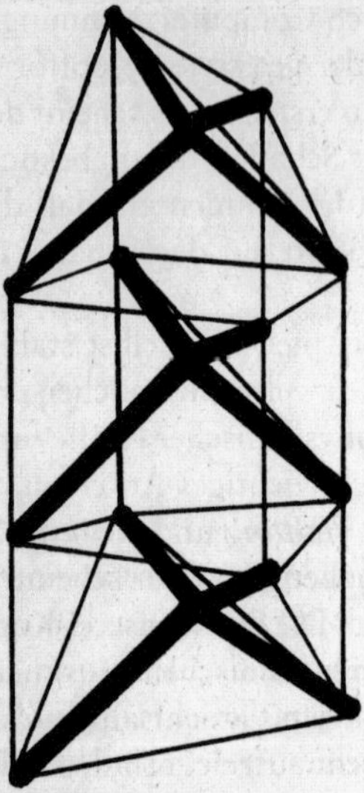

Die Form der Brustwirbelsäule legt den Vergleich des menschlichen Körperbaus mit architektonischen Prinzipien nahe:

Durch eine Tensegrity-Struktur entsteht eine Gerüstkonstruktion, in der flexible, kontinuierliche Spannungsträger mit diskontinuierlichen Kompressionselementen so angeordnet sind, daß jedes Teil rationell funktionieren kann.

Schädel innen auskleiden, befinden sich in Bewegung, die einer gewissen Rhythmik unterliegt.[33] Der Rhythmus dieser minimalen Bewegung läßt sich von geschulten Händen praktisch im gesamten Knochenbau ertasten. Es scheint also tatsächlich noch aufregendes Neuland innerhalb unseres Bildes vom menschlichen Körper zu geben. Und es sieht so aus, als ließen sich von diesem Neuland aus fruchtbare Schritte für die Integration der sogenannten *Fehlformen der Körperstruktur* tun.

Fünftes Kapitel:

Was bedeutet das Altern für die Körperstruktur?

Man braucht nur einen Spaziergang durch die Innenstadt einer Großstadt zu machen, um die Vielfalt der Körpertypen in ihrer Beziehung zum menschlichen Alter wahrzunehmen. Zunächst fallen uns vielleicht die Bewegungsmuster ganz junger Menschen auf, vielleicht beobachten wir sogar, daß manche Jugendliche völlig unkoordinierte Bewegungsformen haben. Ältere Menschen bewegen sich häufig ruhiger und bedächtiger.

Aus struktureller Sicht sehen wir allerdings Ähnlichkeiten in der Typik älterer und jüngerer Menschen. Häufig zeichnet der Alterungsprozeß die Konturen überdeutlich nach: Was im Organismus des Jugendlichen bereits verschoben sichtbar war, wird nun überdeutlich. Ein vorne eingefallener Brustkorb, eine eingeschränkte Atmung wird sich endgültig in einem unbeweglichen Rundrücken zeigen, ein einst problemloses Hohlkreuz möglicherweise mit Beschwerden bemerkbar machen. Und die Beine und Füße, die so anfällig für mechanische Schwächen sind, versagen manchmal mehr und mehr ihre Dienste. Die strukturellen Probleme, die in diesem Bereich möglicherweise schon in der frühen Jugend sichtbar waren, machen sich allzuoft um das Hüftgelenk, das Kniegelenk oder auch im inneren Gewölbe des Fußes bemerkbar.

Die Biologie des Menschen belehrt uns über eine Reihe von Grundgegebenheiten des Alterns. Alt werden heißt die vitalen Prozesse laufen langsamer ab, der Flüssigkeitsaustausch zwischen einzelnen Zellverbänden wird geringer, es kommt zu gehäuften Ablagerungen in einzelnen Gewebeschichten. Die Konsequenzen manifestieren sich in Form geringerer Beweglichkeit der Gelenke und in reduzierter körperlicher Leistungsfähigkeit. In unserer modernen Leistungsgesellschaft wird das Altern vor allem negativ gesehen. Unsere letzten Lebensabschnitte sind gemäß der modernen Auffassung lediglich ein Stadium des schrittweise ablaufenden Verfalls.

Die Kulturen des Ostens sind dieser düsteren Perspektive immer mit einer positiven Konzeption des Alterns entgegengetreten. Wir finden eine erstaunliche Vitalität bei manchen Yogameistern ebenso wie bei T'ai Chi Lehrern gerade in hohem Alter. Es scheint, als hätten die östlichen Wege der Spiritualität mit ihrer körperlichen Fundiertheit unserem Wissenschaftsgeist ein Schnippchen geschlagen. Die Grundlage der Leistungsfähigkeit östlicher Übungssysteme liegt in der rigorosen Einheitsvorstellung von körperlicher und geistiger Existenz. Ein Großteil unserer christlichen Traditionen befindet sich in eklatantem Widerspruch hierzu. Das Christentum hat immer wieder versucht, das spirituelle Leben vom Körper abzulösen, das Religiöse auf der Verneinung des Körperlichen aufzubauen. Und das sehen wir nicht nur daran, daß die Kirche die Darstellung des nackten menschlichen Körpers auf größten Kunstwerken übermalen ließ, sondern auch in der religiösen Praxis, in der der Körper zumeist so behandelt wird, als wäre er überhaupt nicht vorhanden. Es kommt also nicht von ungefähr, daß der Körper in unserer Kultur vor allem als Instrument für Leistungen gesehen wird, für Leistungen, die dann mehr und mehr in Abnutzungserscheinungen während des Alterns zum Ausdruck kommen und nicht als ein Ausdruck menschlicher Form.

Wenn wir die hier angesprochenen Tendenzen unseres Kulturkreises kritisch sehen, so heißt das allerdings nicht, daß wir unkritisch den ganzen spirituellen Überbau des Ostens übernehmen müssen. Es gibt auch in unserem Kulturkreis Überlegungen, die eine positive Betrachtung des Alterungsprozesses zulassen. Dabei geht es nicht nur um die Weisheit des Alters, es geht auch darum, daß unser Körper lebendig bleibt, darum, daß unsere Vitalität in allen Lebensbereichen erhalten bleibt. Ida Rolf, die selbst noch nach ihrem 80. Geburtstag ein Beispiel körperlicher und geistiger Lebendigkeit war, hat auf die großen Beispiele verwiesen: »Oliver Wendell Holmes, George Bernard Shaw, Albert Szent-Gyorgyi, Michelangelo Buonarrotti (er war Architekt von St. Peter in Rom, als er fast 80 Jahre alt war), Igor Strawinsky, Carl Gustav Jung waren außergewöhnliche Menschen, die in sehr hohem Alter keine Anzeichen von Senilität zeigten.«[34] Ida Rolf sah in diesen großen Individuen einen Zusammenhang zwischen Geisteskraft und Form des Organismus. Sind es also nur wenige Auserwählte, Menschen von ganz außerordentlichen Fähigkeiten, die in der Lage sind, das Alter im Vollbesitz der geistigen und körperlichen Kräfte zu genießen? Oder sind wir alle in der Lage, mit Hilfe eines Einstellungswandels, dadurch, daß wir den Körper einfach mehr in unser ganzes Leben positiv hereinnehmen, ein Stück lebendigen Alters zu erleben?

Das gängige medizinische Modell geht davon aus, daß unser Organismus nur in der Kindheit und Jugend wächst. Gemäß dieser Vorstellung bewegen wir uns schon vor dem 30. Lebensjahr auf den körperlichen Verfall zu. Es gibt seit geraumer Zeit Hinweise aus der Biologie, die nahelegen, daß diese Auffassung unzureichend ist. Der Wachstumsprozeß des menschlichen Organismus erstreckt sich auf den ganzen Zeitraum des menschlichen Lebens, er kommt nicht mit der Pubertät zum Abschluß. Das »biologische Modell« befindet sich in dieser Hinsicht in einem gewissen Widerspruch zu den gängigen medizinischen Auffassungen. Es ist sicherlich richtig, wenn die Medizin behauptet, daß Abbau- und Aufbauprozesse gleichzeitig nebeneinander herlaufen. Die Frage ist nur, ob die Abbauprozesse während des Älterwerdens tatsächlich überwiegen müssen.

Diese Frage führt uns nochmals zu den beiden Kernbegriffen des Rolfings zurück, zur Struktur und Schwerkraft. Rein äußerlich betrachtet scheint der ältere Mensch vom jungen Menschen dadurch unterscheidbar, daß seine strukturellen Schwächen, die vorher verborgen waren, überdeutlich sichtbar sind. Der Zeitfaktor ist beim Einwirken der Schwerkraft von größter Bedeutung. Stellen wir uns nur einmal einen Baum vor, an dem einseitig ein Gewicht angehängt ist, und beobachten wir sein Wachstum während einiger Jahrzehnte. Mit dem von Grund auf verschobenen Menschen scheint es ganz ähnlich zu gehen. Je älter er wird, desto verhängnisvoller wirkt sich seine verschobene Struktur aus. Und gerade zu diesem Zeitpunkt läßt sich in das strukturelle Geschehen eingreifen. Die Struktur des Bindegewebes läßt sich nicht nur bei jungen Menschen beeinflussen, auch im hohen Alter besteht die Chance, den Körper von innen her aufzurichten. Als Ida Rolf im 84. Lebensjahr den Tod kommen spürte, bat sie einen ihrer Schüler, ihr am letzten Tage ihres Lebens eine Sitzung zu geben. Sie war offenbar so überzeugt von der Einheit unserer körperlichen und geistigen Existenz, daß ihr die strukturelle Ordnung des Organismus selbst im Augenblick des Sterbens wichtig war.

Sechstes Kapitel

Selbsthilfe

Grundlagen

Was können wir tun, wenn wir die Standardserie der zehn Rolfing-Sitzungen hinter uns haben? Was können wir tun, um unseren positiven Wandel zu erhalten? Ist es nötig, »Übungen« zu machen, um den Körper vor Verfall zu bewahren? Oder: Was können wir unternehmen, wenn wir gar keine Lust auf Rolfing haben? Ida Rolf hätte auf diese Fragen vermutlich geantwortet: Ein Organismus, der sich im Gleichgewicht befindet, ein Körper, dessen Beuge- und Streckmuskulatur ausgeglichen ist, »muß« überhaupt nichts tun außer leben. Die Alltagsaktivitäten sollten ausreichen, um zugleich Grundlage und Ausdruck unserer Lebendigkeit zu sein.

Was kann uns heute das Rolfing auf diese Fragen antworten, nachdem Ida Rolfs lakonische Antwort schon Jahre zurückliegt?

Der Leser mag sich erinnern, daß wir einen Aspekt der Grundlagenarbeit des Rolfings darin sahen, daß die Muskulatur unseres Organismus frei aufeinander gleiten kann, daß die verhärteten und erschlafften Partien unseres Körpers wieder ein lebendiger Teil des Ganzen werden und daß da, wo Wahrnehmungslosigkeit herrscht, wieder Bewußtsein einkehren kann.

Nun ist diese Antwort auf die gestellten Fragen allerdings reichlich abstrakt im Vergleich zu der Emsigkeit der Fitneßprogramme oder gar der eingeführten Verbands- und Vereinsrealität und -mentalität vieler Spielarten des Sports. Wie also können wir die elitäre Bewegungsästhetik des Rolfings, die immer noch am besten in Heinrich von Kleists Text über das Marionettentheater beschrieben ist, mit den Erfordernissen unseres Alltags vereinbaren?

Mancher Leser mag für sich eine Antwort gefunden haben, die äußerlich betrachtet gar nichts mit Rolfing zu tun hat. Es gibt eine ganze Reihe von neuen pädagogischen Systemen, die Alternativen zum Fitneßbetrieb anbieten.

Das zugleich ausgeklügelte und genial einfache System, das Moshe Feldenkrais unter dem Namen »Bewußtheit durch Bewegung« bekanntgemacht hat, ist hier zu nennen, die Eutonie Gerda Alexanders, die Arbeit der Schüler Elsa Gindlers (heute in den USA als »Sensory Awareness« bekannt) und der Unterricht der Alexanderlehrer (Frederick Matthias Alexander). Und es gibt natürlich die altehrwürdigen Methoden des Ostens, die uns neue Wege zu weisen vermögen.

Wir haben bereits mehrmals auf die Grundlagen des Rolfings im Yoga verwiesen. Der Leser mag sich selbst ein anschauliches Bild davon verschaffen, was unter dem Stichwort Yoga zu finden ist. Und er mag sich praktisch weiterhelfen, wenn er erfährt, was ihm unter der Anleitung eines glaubwürdigen Lehrers guttut. Vielleicht hilft es, kritisch zu beobachten, wie die Struktur des Lehrers aussieht, um festzustellen, ob er seine »innere Linie« finden kann, ob er über Ideen des Yoga redet oder Yoga lebt.

Und vielleicht hilft es auch, sich auf die Suche nach einem Lehrer des T'ai Chi Ch'uan zu machen, einer Disziplin, die aus Alt-China kommt. Der Leser wird unter diesem Stichwort sehr unterschiedliche Qualität finden. Lange Zeit wurden die Prinzipien des T'ai Chi Ch'uan nur wenigen weitergegeben. T'ai Chi Ch'uan ist eine Disziplin der Selbstverteidigung und der Meditation. Die Lehrer gaben die »Geheimnisse« der Methode nur an wenige Meisterschüler weiter, die sich mit Hingabe und Ausdauer der Disziplin widmeten. Und tatsächlich dauert es einige Jahre, bis der Schüler die Prinzipien dieses Weges von »innen« verstehen lernt.

T'ai Chi Ch'uan berührt sich in manchen Aspekten mit den Bewegungskonzepten, die dem Rolfing zugrunde liegen. Es geht darum, Bewegung von innen nach außen fließen zu lassen, es geht darum, Bewegung ohne unnötige Anspannung zu erfahren. Was heißt das konkret? In der Sprache des T'ai Chi Ch'uan heißt das, daß unsere Arme und Beine den Bewegungen des Rumpfes folgen, daß beispielsweise eine Handbewegung niemals nur »Handbewegung« ist, sondern aus der Grundlage des Rumpfes, des Beckens und des gelösten Rückens kommt. Es heißt auch, daß ein Schritt nicht aus der angespannten Leiste kommt, daß er vielmehr »aus dem Becken fließt«, daß das Gehen also unsere innere Linie bewahrt.

In der Sprache des Rolfings heißt das, daß die *intrinsische* Bewegung die Grundlage der *extrinsischen* Bewegung ist, daß die Bewegung aus der Tiefe des Organismus kommt und durch die Arme und Beine lediglich »spezifiziert« wird. Das bedeutet für die Bewegungsfunktion, daß ein Teil sich jeweils in Verbindung mit allen anderen Teilen räumlich neu anordnet, ganz analog zu den Gegebenheiten der Struktur, daß nämlich ein struktureller Aspekt in allen Segmenten des Körpers sichtbar ist.

Es geht also wieder einmal um die Binsenweisheit, daß alles mit allem zusammenhängt und daß wir uns bei allen Übungssystemen dieses Zusammenhangs bewußt sein sollten, damit nicht nachher manches noch mehr zusammengestaucht ist als vor Beginn der Übungen.

Wir haben in diesem Zusammenhang zwei östliche Wege erwähnt, weil in ihnen eine klare Alternative zu Kraftsport, Streckübung und Dauerlauf angeboten wird. Dies sollte aber nicht darüber hinwegtäuschen, daß die feinen Übungssysteme denselben Prinzipien unterliegen wie primitive Kraftübungen. Das feinere System ist auch nicht unbedingt dem primitiveren überlegen, es hängt vielmehr alles an der Art und Weise, wie wir die Übungen machen. Damit gelangen wir zum einzigen Dogma der auf Rolfing gegründeten Bewegungskonzepte: Nicht das *Was* ist wichtig, sondern das *Wie*. Es ist im Grunde ganz unwesentlich, welche Übungen wir machen, es ist aber sehr wesentlich, wie wir die

Übungen machen. Und es gibt zwei einfache Aspekte, die uns helfen können, in der passenden Richtung zu suchen:

Zunächst einmal ist es wichtig, daß wir uns nur zu der Übung, zu der Sportart oder was auch immer entschließen, die uns Spaß macht. Der Autor dieses Buches muß beispielsweise gestehen, daß er persönlich nichts gegen das Heben von Gewichten einzuwenden hat, daß es ihm persönlich aber so wenig Freude macht, daß er sich zeit seines Lebens wohl niemals zu dieser schweißtreibenden Disziplin entschließen wird. Es geht ihm nicht um eine Kritik der Disziplin, er weiß sogar, daß man Gewicht sinnvoll heben kann, solange man die Beine und Füße in einer praktischen Position zum Becken hält. Wahrscheinlich ist es sogar gesünder, Gewicht in einer strukturell ausgewogenen Weise zu heben, als die dem Autor vertraute Form des T'ai Chi Ch'uan mißzuverstehen und die Gelassenheit der Schultern mit eingesacktem Brustkorb zu verwechseln. Also nochmals: Nicht das *Was*, das *Wie* entscheidet über Sinn und Unsinn der Disziplin.

Und dann gibt es noch einen zweiten Aspekt, der mit Selbstbeobachtung und Selbstanalyse zu tun hat: Wir können unseren Körper von innen (sensible Bewußtheit) und von außen (Spiegel) beobachten und aus dieser Perspektive einzelne Übungen wählen. Was die sensible Bewußtheit angeht, gibt es ein einfaches Rezept: Sobald wir uns nach Übungen nicht gut fühlen oder sich gar in verspannten Körperpartien Beschwerden entwickeln, machen wir entweder die falsche Übung, oder wir führen sie in einer Art und Weise aus, die uns nicht guttut.

Wie können wir den Schritt in die falsche Richtung verhindern? Falls wir von »innen« keine Antwort finden, kann uns ein Spiegel weiterhelfen.

Es gibt zwei einfache Testpositionen, die uns Auskunft über unser Grundgleichgewicht geben:

Position 1:
Stellen Sie sich ausgekleidet vor den Spiegel, bringen Sie die Füße parallel zusammen und bringen Sie den Kopf so weit wie möglich nach oben. Beobachten Sie nun zuerst die Mittellinie, d. h.

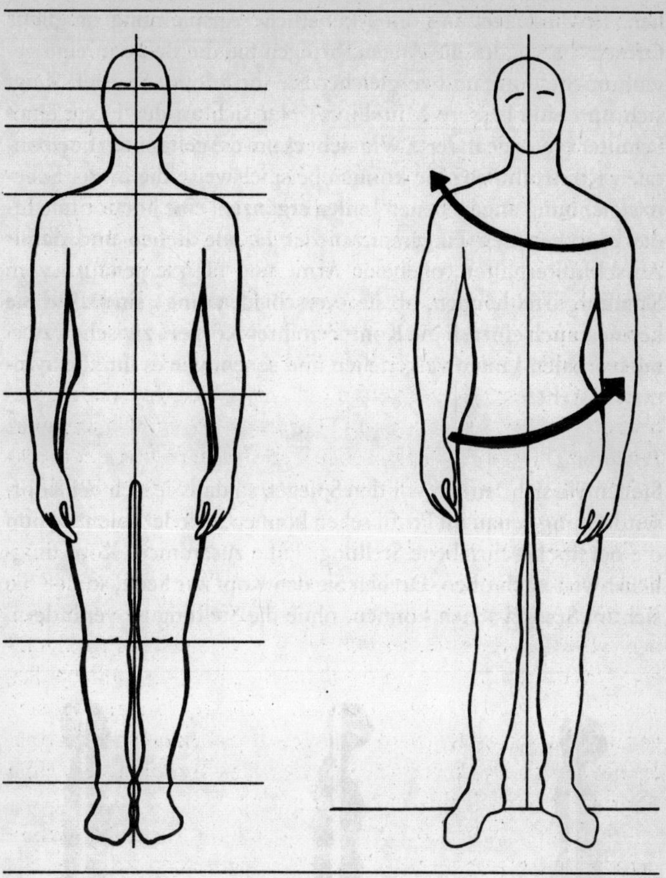

das Lot durch Nase, Brustbein, Nabel und Schambein. Beobachten Sie, ob das Lot eine gerade Linie zeigt, ob einzelne Kontrollpunkte (beispielsweise der Nabel) zur Seite abweichen. Beobachten Sie dann die horizontalen Kontrollinien auf der Höhe der Augen, des Schlüsselbeins, der Beckenknochen, der Knie und der Sprunggelenke. Schließen Sie nun die Augen, und bleiben Sie für einen Augenblick mit eng nebeneinandergestellten Füßen stehen. Ist diese Stellung ohne künstliche Anspannung möglich? Öffnen Sie wieder die Augen, bringen Sie die Beine in eine gewohnte Stellung, und vergleichen Sie Ihr Bild im Spiegel! Zeigt sich nun eine bessere Mittellinie? Hat sich an der Höhe einer Schulter etwas geändert? Wie steht es um die genannten horizontalen Kontrollinien? Sie können beispielsweise die in der Schemazeichnung angegebenen Linien ergänzen, eine horizontale Linie zwischen den Fingerspitzen der Hände ziehen und damit Aufschluß erhalten, ob beide Arme und Hände genauso vom Schultergürtel hängen, ob sie »verschieden lang« sind. Und Sie können auch einfach die Konturen Ihres Körpers zwischen zwei horizontalen Linien vergleichen und sehen, wie es um die Symmetrie steht.

Position 2:
Stellen Sie sich seitlich vor den Spiegel, so daß Sie sich bei Kopfseitdrehung genau im Profil sehen können. Wiederholen Sie nun die bereits beschriebene Stellung: Füße zusammen, Kopf möglichst weit nach oben. Drehen Sie den Kopf zur Seite, so daß Sie sich im Spiegel sehen können, ohne die Stellung zu verändern.

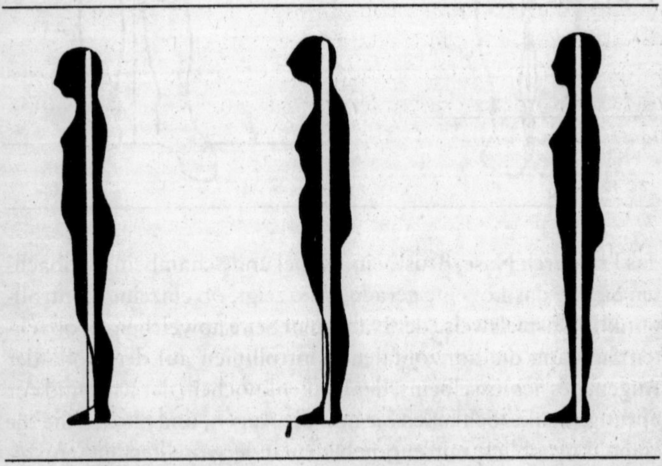

Fällen Sie nun in Ihrer Vorstellung das Lot durch die Mitte Ihres Körpers, so daß eine Hälfte des Körpers vor und eine hinter dem Lot liegt. Beobachten Sie nun, ob vor und hinter der Kontrollinie des Lots genausoviel »Körper« ist. Fragen Sie sich, ob Sie mit dem Bauch nach vorne hängen, ob Ihr Brustkorb eingesackt ist oder ob »alles im Lot« ist.

Kontrollieren Sie nochmals das Seitenprofil, indem Sie in einer ganz gewöhnlichen Stellung stehen, also ohne die Füße parallel zu halten. Ändert sich die Krümmung des Rückens? Ändert sich die Neigung oder die Vertikale der Beine?

Wenn Sie nun die Konturen Ihres Rückens im Verhältnis zur Vorderseite des Körpers betrachten, können Sie sich selbst einem Strukturtyp zuordnen. Diese Zuordnung ist für die Art und Weise, wie wir die Übungen machen, sehr wichtig.

Wir haben gesagt, nicht das *Was* ist wichtig, sondern das *Wie*. Und dieses Rolfing-Dogma läßt sich etwas weitergehend ergänzen: Machen Sie keine Übungen, die bereits vorhandene Strukturschwächen verstärken. Die beiden einfachen Kontrollpositionen geben Ihnen die Möglichkeit, die eigene Grundstruktur zu analysieren. Versuchen Sie das, was Sie mit Ihren Augen sehen, in einen Zusammenhang damit zu stellen, wie Sie sich fühlen, wie Sie Ihren Körper von innen erleben. Das heißt: Wie sehen die Körperpartien im Spiegel aus, die sich häufig angespannt fühlen? Ist unser Körper an diesen Stellen zusammengesackt, komprimiert, oder sieht das Gewebe schlaff aus?

Praktische Übungen

Es gibt zwei grundverschiedene Arten, Übungen zu machen: Entweder wir machen Übungen mit muskulärer Anstrengung, oder wir machen sie ganz gelöst, mit möglichst geringer Muskelanspannung. Die meisten Formen unserer traditionellen Gymnastik basieren auf kräftigen Bewegungsfolgen. Der Vorteil liegt darin, daß Atmung und Kreislauf angeregt werden, der Nachteil besteht darin, daß unsere Bewegungsfähigkeit unter Anstrengung nicht sehr viel dazugewinnt. Mit anderen Worten: Wir lernen keine neuen, »besseren« Bewegungsmuster, indem wir sture Wiederholungen derselben Bewegungsfolgen machen. Übungssysteme, die mit geringer Muskelanspannung arbeiten, bieten den Vorteil einer höheren Lerneffizienz: Wenn wir gelöste Bewegungen immer mehr variieren, können wir schrittweise eine neue Bewegungskapazität gewinnen. Allerdings ist auch dieser alternative Übungsstil nicht frei von Nachteilen. Viele Menschen vermissen darin die Dynamik, die belebende Wirkung traditioneller Sportarten oder finden die manchmal ausgeklügelten Systeme einfach zu langweilig.

Wir haben bereits gesehen, daß aus der Sicht des Rolfings nicht das *Was,* sondern das *Wie* einer Übung entscheidend ist, daß es wesentlich ist, ob uns eine Übung Spaß macht, und daß wir nur mit Bewußtheit üben sollen. Wir können also jede Form von Übungen wählen, solange wir in uns hineinhorchen, ob die Art und Weise, wie wir üben, unserem Organismus guttut. Aus der Theorie des Rolfings ist bekannt, daß Beuge- und Streckmuskulatur in einem Gleichgewicht stehen sollten. Ein harmonisches Gleichgewicht drückt sich darin aus, daß ein Beugemuskel die Beugebewegung macht und der zugehörige Streckmuskel sich gleichzeitig streckt. Was das heißt, läßt sich schon mit einer einfachen Kraftübung, dem Liegestütz, erkunden:

Übung 1: Liegestütz

Betrachten Sie zunächst die beiden Abbildungen und vergleichen Sie die Unterschiede. Was geschieht mit Nacken und Rükken auf Abbildung A? Was sehen Sie auf Abbildung B? Vergleichen Sie die Position der Arme und Hände auf beiden Abbildungen.

Machen Sie nun selbst ein paar Liegestütze. Beobachten Sie, wie Sie Ihren Nacken und Rücken dabei gebrauchen. Achten Sie auf die Haltung der Hände und Arme. Sind Ihre Hände nach außen gestellt und die Arme eng am Körper? Oder sind die

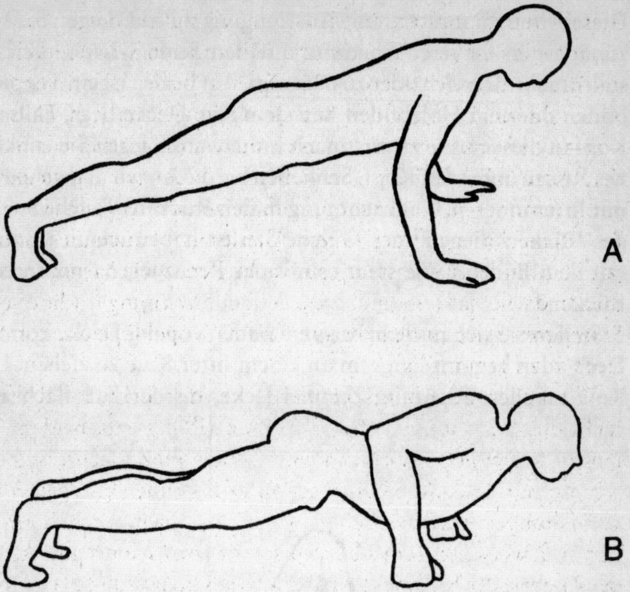

Hände parallel zum Körper, und die Ellbogen zeigen leicht nach außen?

Betrachten Sie nochmals Abbildung A und B. Versuchen Sie nun, schrittweise die auf Abbildung A sichtbare Form zu beachten, und machen Sie nochmals ein paar Liegestütze. Achten Sie darauf, daß Ihr Nacken lang bleibt, sobald Sie die Arme beugen, daß Ihr Rücken nicht durchhängt. Sobald Rücken und Nacken lang bleiben, gewährleisten Sie das Gleichgewicht von Beugern und Streckern. Sie können jede einfache Kraftübung unter Beachtung desselben Prinzips machen. Das Prinzip lautet: Die Qualität der Bewegung ist wichtiger als die Quantität. Das heißt: Nicht die Anzahl, sondern die Form der Übung macht die Wirkung.

Übung 2: Erkunden des Rückens

Diese Übung hat nichts mit Anstrengung zu tun. Legen Sie sich zunächst in lockerer Kleidung auf den Boden. Die Unterlage sollte nicht zu weich oder zu hart sein. Am besten ist ein Teppichboden oder ein Holzboden, auf dem eine Decke liegt. Falls Ihr Kopf in dieser Lage zu weit nach hinten sinkt, legen Sie ein kleines Kissen unter den Kopf. Schließen Sie die Augen und gehen Sie mit Ihrer inneren Wahrnehmung in den Rücken. Welche Stellen des Rückens liegen gut? Welche Stellen haben wenig Kontakt mit dem Boden? Wie steht es mit der Kreuzgegend im unteren Rücken?

Stellen Sie sich nun vor, daß ein Faden von der Decke kommt. Der Faden beginnt langsam an einem Ihrer Knie zu ziehen. Das Knie wandert Richtung Zimmerdecke, bis der Fuß flach auf-

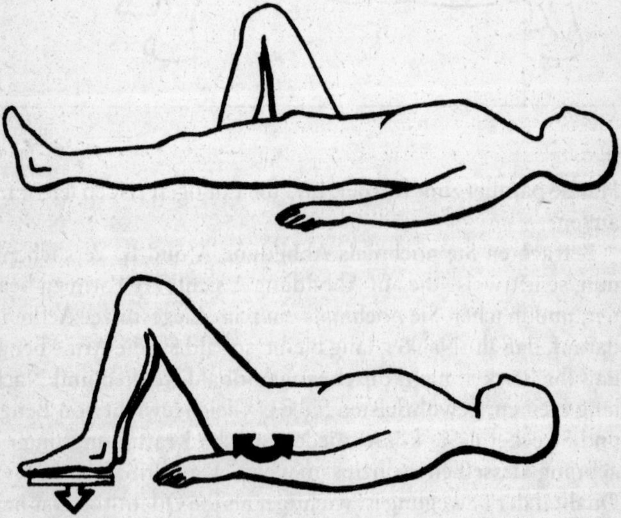

C

D

steht. Stellen Sie wieder dieselben Fragen an den Rücken. Hat sich die Auflagefläche verändert? Wie hat sie sich verändert? (Abb. C)

Lassen Sie in Ihrer Vorstellung nochmals einen Faden von der Zimmerdecke kommen. Diesmal zieht der Faden das andere Knie nach oben, bis auch der zweite Fuß aufsteht. (Abb. D)

Vergleichen Sie nun wieder die Auflagefläche des Rückens mit der Wahrnehmung, die Sie vorher hatten. Was ist mit dem unteren Rücken geschehen? Liegt Ihr Nacken noch bequem? Korrigieren Sie die Position des Kopfes so, daß er ganz bequem liegt, und bringen Sie die Füße in eine parallele Stellung von maximal 20 cm Abstand.

Lassen Sie nun die Füße schwer werden, geben Sie etwas Druck mit den Füßen in den Boden, bis sich Ihr Becken ein ganz klein wenig anhebt. Lassen Sie mit dem Druck wieder nach, damit das Becken wieder auf den Boden sinken kann.

Wichtig: Je geringer das Abheben des Beckens, desto besser (am besten nur ein Zentimeter). Sie können eine Hand auf den Bauch legen und beobachten, daß die Bauchdecke ganz entspannt bleibt, während das Becken durch den Druck der Füße leicht nach oben rollt. Erkunden Sie nach fünf bis sieben Bewegungen wieder den Bodenkontakt des Rückens. Wie liegen Sie jetzt im Kreuz auf?

Variation: Machen Sie dieselbe Wahrnehmungsübung, indem Sie Ihren Atem beobachten. Betrachten Sie den Atem, ohne ihn zu verändern. Was macht der Atem, sobald Sie eine Bewegung machen? Versuchen Sie, die Bewegungen mit leichtem Aus- und Einatmen zu begleiten.

Übung 3: Strecken des Rückens und der Beine.
Stellen Sie sich in die auf der Abbildung E gezeigte Position. Die Beine sind geschlossen, die Füße parallel. Bringen Sie die Sitzknochen an der Wand möglichst hoch und stellen Sie sich vor, daß in der Leistengegend ein Zaun steht. Beugen Sie sich über diesen imaginären Zaun nach vorne. Benutzen Sie einen Stuhl

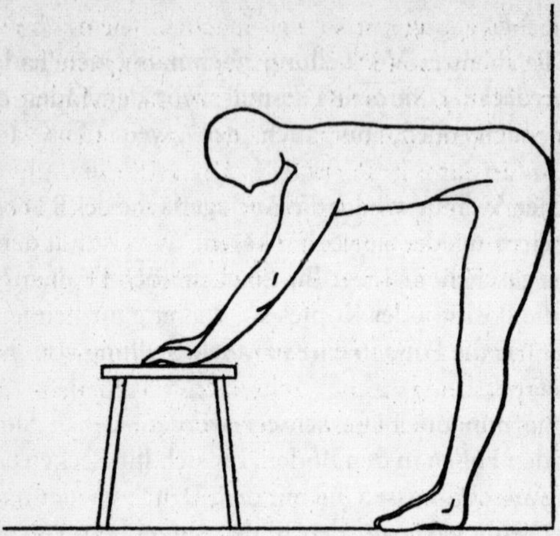

E

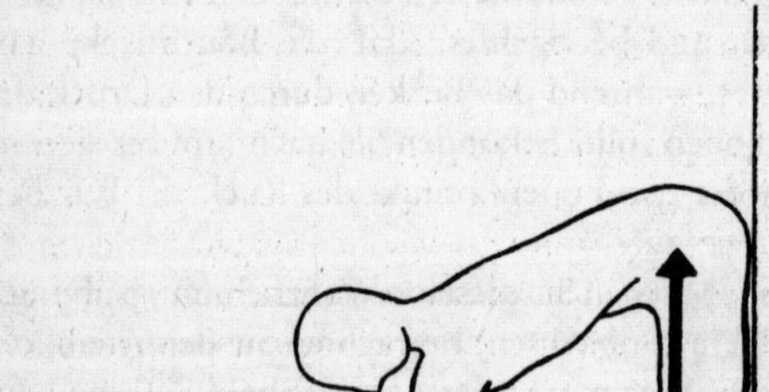

F

oder Hocker, auf dem Sie die Hände auflegen können. Die Hände nur auflegen, nicht aufstützen.

Die Beugebewegung nur so weit machen, wie es ohne Krümmung des Rückens möglich ist (ein seitlich aufgestellter Spiegel kann helfen). Halten Sie die Beugeposition ca. 3 Minuten und atmen Sie mit langem, dünnem, geräuschlosem Atem.

Wechseln Sie dann in Position F. Die Füße sind nun an der Wand, die Sitzknochen an der Wand hochgestreckt. Die Beugebewegung geht wieder durch die Hüfte.

Im Laufe der Zeit können Sie einen tieferen Hocker verwenden.

Wichtig: Immer nur so tief beugen, wie es ohne Krümmung des Oberkörpers möglich ist. Achten Sie auf lockere Kleidung und gute Belüftung des Übungsraumes.

Übung 4: Scharnierübung des Fußgelenks

Gehen Sie barfuß im Raum umher, und beobachten Sie den Bodenkontakt. Setzen Sie sich mit dem Rücken so nah wie möglich an die Wand. Falls Ihnen diese Position Schwierigkeiten macht, legen Sie ein kleines festes Kissen oder eine zusammengelegte Decke unter das Gesäß. Bringen Sie nun die Zehen nach unten und den Fuß nach unten, so weit wie möglich. Halten Sie diese Position einen Augenblick. Bringen Sie dann nur die Zehen nach oben (der Fuß bleibt unten). Dann bringen Sie auch den Fuß nach oben (jetzt sind die Füße und Zehen nach oben gebogen, so weit es geht). Halten Sie diese Position einen Augenblick. Dann halten Sie die Zehen oben und bewegen den Fuß so weit wie möglich nach unten. Bewegen Sie schließlich auch die Zehen nach unten (jetzt sind wieder Zehen und Füße nach unten gestreckt).

Lassen Sie Ihre Beine von der Hüfte nach außen rollen und machen Sie in dieser Stellung, mit nach außen gedrehten Füßen, dieselbe Bewegungsfolge. Dann lassen Sie die Beine von den Knöcheln her nach innen rollen, so daß Füße und Beine ganz eng geschlossen sind, und machen Sie nochmals die Bewegungsfolge.

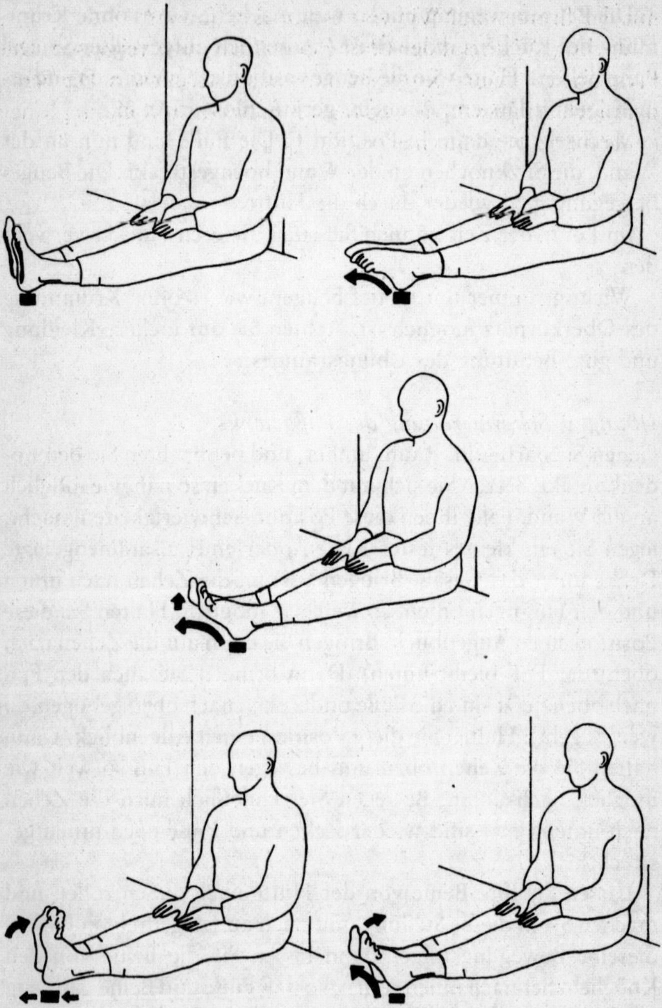

Stehen Sie auf, und gehen Sie im Raum umher, um den Bodenkontakt zu spüren. Vergleichen Sie die Auflagefläche Ihrer Füße mit der Erinnerung: Wie war es vor der Übung?

Wichtig: Während der Übung den Atem nicht vergessen. Die Ferse und die Beinrückseite soll lang ausgestreckt sein. Die Ferse darf auch bei Abwärtsbewegung des Fußes nicht Richtung Kniekehle nach oben rutschen.

Schlußbemerkung

Der Titel dieses Buches – »Alles im Lot« – möchte darauf hinweisen, daß wir unseren Körper im Schwerefeld der Erde erfahren, daß wir die Schwerkraft als destruktives oder als konstruktives Element unserer Umgebung nutzen können. Die Schemazeichnung auf dem Titelblatt veranschaulicht den strukturellen Wandel, den ein neunjähriges Kind während der Serie von zehn Rolfing-Sitzungen erfahren hat. Diese Zeichnung zeigt eine sinnvolle Richtung strukturellen Wandels und illustriert, wie die einzelnen Körpersegmente in ein besseres Verhältnis zueinander treten. Das Schema verkörpert allerdings kein Ideal. Wir möchten den Leser an dieser Stelle warnen, der konkreten Erscheinung des »Blockmännchens« nachzueifern. Sicherlich, die rechte Seite zeigt uns ein besseres Verhältnis in bezug auf die Schwerkraft und einen sinnvollen organismischen Wandel. Aber läßt sich diese spezifische Form des Wandels als Zielvorstellung verallgemeinern?

Mein Züricher Kollege Hans Flury hat wiederholt darauf verwiesen, daß die rechte Seite des Blockmännchens eine merkwürdige Struktur des Brustkorbs zeigt: Der Brustkorb ist für seine Vorstellung des »gerolften« Menschen etwas zu heldenhaft, der Rücken ist immer noch zu kurz im Verhältnis zur Vorderseite des Körpers. – Das Blockmännchen, das als *Logo* zum Symbol des Rolfings wurde, hat also auch nach zehn Sitzungen bei Ida Rolf Unvollkommenheiten behalten. Und diese eignen sich nicht für ein Ideal, sie lassen sich vielmehr als Hinweis darauf verstehen, daß Rolfing kein Ideal suchen, sondern lediglich praktisch taugliche Modelle verwenden sollte. Und Modelle haben bekanntlich nur im Rahmen von Theorie und Praxis einer Methode ihren Sinn, sie veranschaulichen einen Aspekt der Wirklichkeit, ohne daß die Wirklichkeit in ihnen umfassend aufginge.

Der »innere Wandel«, den Rolfing einleiten will, die Grundlage körperlichen und seelischen Gleichgewichts, läßt sich mit Schemazeichnungen und Modellvorstellungen nur ansatzweise abbilden. Manches, was zum Wesen des Rolfings gehört, beispielsweise sozialpsychologische Aspekte oder historische Grundlagen der Körperstruktur, ist im vorliegenden Buch nur kurz angedeutet worden.

Dies soll nicht heißen, daß diese Aspekte in der Praxis des Rolfings keine Rolle spielen. – Der Verfasser war bemüht, dem Leser klares und anschauliches Material über die Grundkonzepte des Rolfings zu bieten. – Und diese Grundkonzepte bestehen in dem, was ein Rolfer mit seinen Händen spüren und mit seinen Augen sehen kann, in dem, was der Dichter Friedrich Schiller die »architektonische Schönheit« des Menschen nannte.

Anmerkungen

1 Eine positive Ausnahme sind die Forschungen Galaudets und Singers zur allgemeinen funktionellen Bestimmung der Faszien.

2 Fast unsere gesamte Anatomie basiert auf Beobachtungen an der Leiche. Es gibt wenig anatomische Ansätze, die den lebenden Organismus in ihre Betrachtungen mit einbeziehen. Die Anatomie des lebenden Organismus wird zum Teil unter dem Stichwort »funktionelle Anatomie« behandelt und basiert wesentlich auf den Konzepten der traditionellen Anatomie.

3 Die heutigen Standardwerke zur menschlichen Anatomie zeigen meist nur die bei der Sektion deutlichen großen Faszienschichten, die Fascia lumborum, Fascia lata, Platysma und einige wenige andere. Die Literatur des vergangenen Jahrhunderts zeigt noch wesentlich deutlicher, wie eng das Funktionieren eines Muskels mit seiner Faszie verbunden ist. In älteren Werken finden wir deshalb ein funktionell klares Bild des Muskels. Die muskulär-faszialen Verbindungen über Muskelgruppen sind Teil der Darstellung und unterstreichen die gliedernde, verbindende und stützende Funktion der Faszien.

4 Ein mechanischer Einfluß ist beispielsweise ein Auffahrunfall mit dem Auto, ein chemischer Einfluß ist eine Ernährungsumstellung oder eine Fastenkur.

5 Dieses Beispiel und eine gute Zusammenfassung der wissenschaftlichen Forschung zum Thema der nervlichen Kontrolle unserer aufrechten Körperstruktur finden sich in dem von mir herausgegebenen Sammelband: Der aufrechte Mensch, siehe dort Roger Thies: Detection of vertical and the maintenance of upright posture in man.

6 Zur ausführlichen Erläuterung dieses Versuches siehe Roger Thies, Anm. 5.

7 Es gibt noch zusätzliche Orientierungshilfen des Körpers, beispielsweise die akustische Orientierung.

8 Das vordere Längsband, in der Fachsprache Ligamentum longitudinale genannt, verläuft tief im Inneren unseres Körpers, an der Vorderseite der Wirbelsäule.

9 Deutlich bei Kuros von Tenea.

10 »Das Leben einer Skulptur liegt nicht in der Form des Steins, sondern in den Prozessen, die sich zwischen Kunstwerk und Betrachter einstellen.« E. Jantsch: Die Selbstorganisation des Universums, München 1982, S. 389.

11 Das Esalen Institut war in den 60er Jahren die Wiege zahlreicher neuer therapeutischer und pädagogischer Verfahren.

12 Die Atmungsaktivität ist durch Teile des Nervensystems gesteuert, die nicht Teil unseres Bewußtseins sind. Wir zielen auf eine Regulation auf dieser Ebene einer nervlichen »Grundschaltung« hin, es kann nicht oft genug betont werden, daß dies nichts mit Hyperventilation oder krampfhaft tiefer Atmung zu tun hat.

13 Die Atmungsbewegung kann sich nur dann frei entfalten, wenn die großen Faszienschichten – das ist beispielsweise die Fascia lumborum im unteren Rücken, das ist die Oberflächenfaszie des gesamten Rumpfes, und es ist in einer gewissen Weise auch die Fascia lata an der Seite des Oberschenkels – wenn also diese Faszienschichten der Atmungsbewegung keinen unnötigen Widerstand entgegensetzen.

14 Die zeitlichen Aspekte stimmen mit neueren Theorien über die Wandlungsfähigkeit des Bindegewebes überein. Vgl. Dr.

med. Sabine Dopfer, Zulassungsarbeit beim Rolf Institut, unveröffentlichtes Typoskript.

15 Ida Rolf Talks, S. 194: »I used to say that Rolfers took the safety pins out of the fascia. It's as though you have an overcoat with a safety pin holding the lining. Someone has pinned the lining to your coat, and it doesn't fit anymore. So we are trying to take some of those safety pins of restriction out of the fascial envelope. There are even places where those safety pins went through four times instead of one.« – »Früher habe ich immer gesagt, daß der Rolfer die Sicherheitsnadeln aus den Faszien zieht. Stellen Sie sich einen Mantel vor, dessen Futter von Sicherheitsnadeln gehalten wird. Jemand hat das Futter am Mantel festgemacht, und der paßt jetzt nicht mehr so recht. Wir versuchen also, einige dieser beengenden Sicherheitsnadeln aus den Faszienhüllen herauszuziehen. Es gibt da auch Stellen, wo die Sicherheitsnadeln gleich viermal anstatt bloß einmal durchgehen.«

16 Heinrich von Kleist, Über das Marionettentheater, Stuttgart 1984, S. 85.

17 Geführte Bewegungen verlangen vom Klienten die Bereitschaft zur Passivität, zum Sichfallenlassen. Das Moment des Sichfallenlassens zu erreichen erfordert manchmal viel Geschick, Sanftheit und Improvisationsgabe.

18 Eigentümlicherweise findet sich diese methodische Klarheit in einer ganzen Reihe von frühen körperbezogenen Ansätzen, in der Arbeit Elsa Gindlers, in der Arbeit Moshe Feldenkrais', in der Arbeit Mable Todds und in der Arbeit Gerda Alexanders.

19 Vgl. Wilfried Barlow: Die Alexander-Technik. Gesundheit und Lebensqualität durch richtigen Gebrauch des Körpers, München 1983.

20 Richtige Bewegungsformen sind solche, die den Körper nicht belasten, sondern beleben. Dies läßt sich am Modell von Beuger und Strecker an einem Gelenk erläutern. Wenn Beuge- und Streckmuskel jeweils in einem ausgewogenen Verhältnis stehen, d. h., wenn der Beuger nicht mehr Tonus

als der Strecker hat, kann das Gelenk ohne zusätzliche Sperren funktionieren. Richtige Bewegungsformen sind also von großer Bedeutung für die Mechanik der Gelenke, dafür, ob wir ein Gelenk lebenslang adäquat verwenden können.

21 Ida Rolf: Rolfing. The Integration of Human Structures, S. 30.

22 Ida Rolf: Rolfing. The Integration of Human Structures, S. 31.

23 Moshe Feldenkrais, Higher Judo, London 1952.

24 Moshe Feldenkrais, Higher Judo, Groundwork, S. XII.

25 Feldenkrais, Higher Judo, S. 44.

26 Moshe Feldenkrais' Brief an Ida Rolf zum 80. Geburtstag. Abgedruckt in Bulletin of Structural Integration, Vol. 5, Nr. 3, August 1976, S. 11.

27 In den USA ist eine makabre Art der plastischen Chirurgie verbreitet. In der Bauchwand wird eine Platte eingesetzt, um den Bauch davor zu bewahren, nach vorne zu drängen.

28 Die weite Verbreitung des Hohlkreuzes scheint die Theorie des Rolfings lange Zeit vom kritischen Knick in der Wirbelsäule des nach hinten gekippten Beckens abgelenkt zu haben. Das nach hinten geneigte Becken (posteriore Becken) war lange Zeit der »blinde Fleck« der Rolfer. Es war die Struktur, die sie nur schwer beeinflussen konnten.

29 Der Leser mag überrascht sein zu hören, daß sich auch das Innere des Knochenbaus ständig wandelt. Die Formen, die uns die langen Röhrenknochen des Beines zeigen, entwickeln sich abhängig davon, wie das Gewicht und die mechanische Beanspruchung auf die Knochen wirken.

30 Für den historisch Interessierten mag es aufschlußreich sein, darüber nachzudenken, wie unser gesundheitliches Versorgungssystem auch die Art und Weise unserer Medizin geprägt hat. Bismarcks Begründung der Sozialversicherung hat unsere moderne medizinische Praxis mehr geprägt als mancher bahnbrechende medizinische Forschungserfolg. Der ursprünglich im Kampf gegen die Sozialdemokratie entwickelte Gedanke einer Versorgung der Lohnempfänger hat im

Lauf einer hundertjährigen Geschichte seinen Platz in einer völlig neuen Interessenkonstellation gefunden.

31 Für Hinweise aus zahnmedizinischer Sicht danke ich Dr. Sebastian Schmidinger, Seefeld-Hechendorf.

32 Vgl. Michael A. Guillen, The Face of Change. Psychology Today, Oktober 1984.

33 Nach traditioneller schulmedizinischer Auffassung verknöchern die Suturen, die Verbindungen zwischen einzelnen Schädelknochen, bereits im frühen Erwachsenenalter. Nach dieser Auffassung ist der Schädel ein mehr oder weniger bewegungsloser Knochenverband. Jahrzehntelang war die andere Auffassung, daß nämlich der Schädel aus sich rhythmisch bewegenden Knocheneinheiten besteht, nur dem kleinen Kreis der »Cranialosteopathen« bekannt. Zur wissenschaftlichen Darstellung dieser immer noch ungewöhnlichen Auffassung vergleiche John E. Upledger and Jon D. Vredevoogd: Craniosacral Therapy, Eastland Press, Chicago, 1983.

34 Ida Rolf, Rolfing. The Integration of Human Structures, S. 290.

Literaturhinweise

Rosemary Feitis: Ida Rolf talks about Rolfing and Physical Reality. Harper & Row Publishers 1978. Neue Auflage: Rolf-Institute

Moshe Feldenkrais: Body and Mature Behaviour, Tel Aviv 1949

Moshe Feldenkrais: Higher Judo, London 1952

Kobayashi, Toyo: T'ai Chi Ch'uan, Irisiana Verlag ²1984

Ida P. Rolf: Rolfing: Die Integration der menschlichen Struktur. Hugendubel Verlag. München 1989

Johannes Ludwig Schmitt: Atemheilkunst, Humata Verlag ⁶1981

John Upledger u. J. D. Vredevoogd: Craniosacral Therapy, Eastland Press 1983

Die internationale Adressenliste von ausgebildeten Rolfern und die Ausbildungsrichtlinien des *Rolf Institute* sind über die europäische Korrespondenz-Adresse erhältlich:

ROLF-INSTITUTE-KORRESPONDENZ
c/o Dr. Peter Schwind
Am Glockenbach 2
8 München 5

Register